어린 과학자를 위한

로켓 이야기

**어린 과학자를 위한
로켓 이야기**

박열음 글 ● **홍민기** 그림
2020년 9월 16일 초판 발행
2022년 8월 26일 3쇄 발행

펴낸이 김기옥 ● **펴낸곳** 봄나무 ● **아동 본부장** 박재성
편집 한수정 ● **디자인** 블루 ● **영업** 김선주, 서지운 ● **제작** 김형식 ● **지원** 고광현, 임민진
등록 제313-2004-50호(2004년 2월 25일) ● **주소** 121-839 서울시 마포구 양화로 11길 13(서교동, 강원빌딩 5층)
전화 02-325-6694 ● **팩스** 02-707-0198 ● **이메일** info@hansmedia.com

도서주문 한즈미디어(주)
주소_ 121-839 서울시 마포구 양화로 11길 13(서교동, 강원빌딩 5층)
전화_ 02-707-0337 ● **팩스_** 02-707-0198

© 박열음, 2020

ISBN 979-11-5613-146-5 73560

● 이 책 내용의 일부 또는 전부를 사용하려면 반드시 저작권자와 봄나무 양측의 동의를 얻어야 합니다.
● 이 도서의 국립중앙도서관 출판예정도서목록(CIP)은 서지정보유통지원시스템 홈페이지(http://seoji.nl.go.kr)와
  국가자료종합목록 구축시스템(http://kolis-net.nl.go.kr)에서 이용하실 수 있습니다.(CIP제어번호 : 2020036371)
● 책값은 뒤표지에 나와 있습니다.

머리말

최근, 우주 개발에 다시 불이 붙었어요.

몇 년 전까지는 우주 개발이 돈 낭비라고 비난하는 사람이 적지 않았는데 말이지요. 지금은 다시 우주를 우리의 생활 공간으로 만들려는 노력이 이어지고 있답니다.

'스페이스X'라는 회사가 크게 성공한 덕분에 우주 개발과 로켓 연구가 더 활발해졌어요. 책에서 한 번 더 소개하지만, 스페이스X는 돈을 받고 로켓을 쏘아 주는 회사예요. 여러 가지 새로운 기술로 로켓을 만드는 이곳에서 값싸고 안전하게 로켓을 쏘아 올리고 있답니다.

스페이스X는 주로 인공위성을 대신 쏘아 주고 있어요. 나중에는 사람을 태운 우주 왕복선으로 달 탐사에도 참여할 계획이라고 해요.

이제는 이렇게 로켓으로 돈을 버는 시대가 왔어요. 앞으로 로켓은 우리 생활에서 더 중요해질 거예요.

우리나라도 로켓 이야기에서 빠질 수 없어요. 성능 좋은 로켓을 만들어, 쏘아 올리려고 열심히 연구하고 있어요.

우리나라와 이웃한 북한과의 관계에서도 로켓은 빠질 수 없답니다. 북한도 로켓뿐만이 아니라 로켓과 형제 사이인 미사일을 꾸준히 개발하고 있거든요. 우리나라나 북한 외에도 세계의 여러 나라가 다양한 로켓을 개발하고 있어요. 좋은 성능은 물론, 만들 때 비용이 저렴하면서도 안전한 로켓들을 말이지요. 그만큼 우주를 주된 활동 무대로 보고 앞서가려는 나라가 많아졌다는 뜻이에요. 이런 상황에서 미래를 책임질 어린이 여러분이 로켓을 잘 모르면 안 되겠지요?

　《어린 과학자를 위한 로켓 이야기》에는 로켓의 역사와 발전, 미사일의 탄생과 진화 등 여러 가지 이야기가 들어 있어요. 책 속의 흥미진진한 이야기들을 읽으며 앞으로 다가올 우주 시대를 이끌 수 있는 여러분이 되시기 바랍니다.

박열음

차례

머리말 _6

1장 이것이 바로 로켓!

01. 날아가는 것은 다 로켓일까? _12
   로켓의 닮은꼴 _18

02. 로켓은 폭죽에서 시작되었다? _20
   최고의 로켓 무기, 신기전 _31

03. 우주를 둘러싼 경쟁, 그 승자는? _32
   두 나라의 천재 로켓 과학자 _41

2장 대공개! 로켓의 원리와 발전

01. 날아가는 로켓의 비밀은? _44
   로켓의 진화, 하이브리드 로켓 _55

02. 역사를 바꾼 로켓들은? _56
   방심은 금물! 챌린저호 폭발 사고 _67

03. 앞으로는 어떤 로켓이 나올까? _68
   로켓을 다시 쓰는 방법? _73

3장 때려야 뗄 수 없는 로켓과 미사일

01. 로켓과 미사일은 뭐가 다를까? _76
　　애매한 신무기, V-2 _82
02. 탄도 미사일은 왜 위험할까? _84
　　핵미사일이 있는 나라 _93
03. 전쟁이 없는데 미사일을 쏘는 나라가 있다? _94
　　해군에서 쓰이는 레이저 무기 _101

4장 미사일이 바꾼 전쟁터

01. 탄도 미사일과 순항 미사일은 무엇이 다를까? _104
　　탱크용 미사일의 비밀 _111
02. 바다에서 쓰인 미사일은 무엇을 바꿨을까? _112
　　우리나라의 이지스함 _123
03. 하늘에서는 무엇으로 싸울까? _124
　　한눈에 보는 미사일 종류 _131

5장 우리 삶과 로켓

01. 우리나라에는 어떤 로켓과 미사일이 있을까? _134
　　로켓 기지가 지어지는 곳은? _142
02. 로켓은 어떻게 삶을 바꿀까? _144
　　미래의 로켓 _149

이것이 바로 로켓!

01 날아가는 것은 다 로켓일까?
02 로켓은 폭죽에서 시작되었다?
03 우주를 둘러싼 경쟁, 그 승자는?

01 날아가는 것은 다 로켓일까?

로켓은 가지고 있는 연료를 태워서 불을 뿜어내는 힘으로 날아가는 물체이다.

로켓 하면 무엇이 생각나니? 불을 뿜으며 우주로 날아가는 거대한 어떤 기계가 떠오르지? 맞아, 그게 바로 '로켓'이야. 그렇다면 불을 뿜으며 날아가는 것은 모두 로켓일까? 제트 비행기는? 총알은? 날아가는 화살은? 대체 무엇이 로켓이고 무엇이 아닐까?

발사되는 로켓

사전에는 가스를 뿜어서 추진력(물체를 밀어서 앞으로 내보내는 힘)을 얻는 비행체가 '로켓'이라고 나와 있어. 어려운 말이지? 여러분이 알기 쉽게 잘 풀어서 로켓의 특징을 설명해 줄게.

로켓은 '꽁무니에서 뿜어져 나오는 불길'이 가장 눈에 띄는 특징이야. 이 불길은 연료를 태울 때 꽁무니에서 나와. 땅에서부터 엄청난 불길을 뿜어내며 날아가는 모습은 정말 멋지지. 로켓은 연료를 태울 때 나오는 힘으

날아가는 총알

로 날아가는 거야.

로켓이 지나간 자리에는 '구름 같은 가스'가 생긴다는 점도 또 다른 특징이야. 이 가스는 연료가 타고 남아서 생기는 연기야. 로켓은 아주 많은 연료를 태워서 비행기나 자동차보다 연기가 훨씬 많이 나오지.

그렇다면 날아가는 화살은 로켓일까, 아닐까? 정답은 "로켓이 아니다."야. 로켓이라면 꽁무니에서 불길과 가스를 뿜어내야 하는데 화살의 꽁무니에는 깃털만 달려 있어.

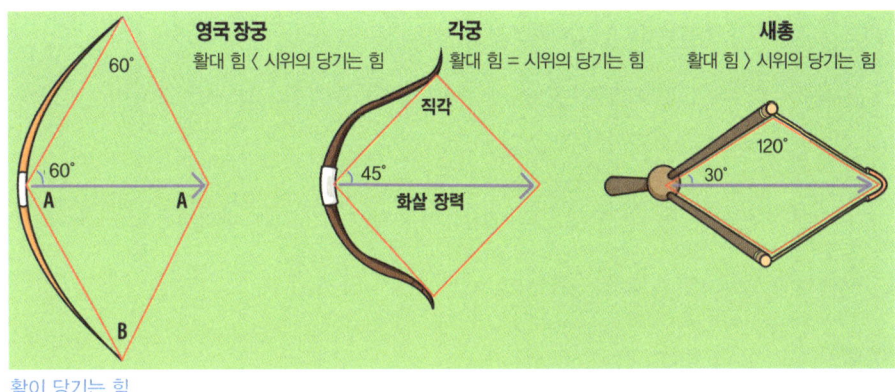

활이 당기는 힘

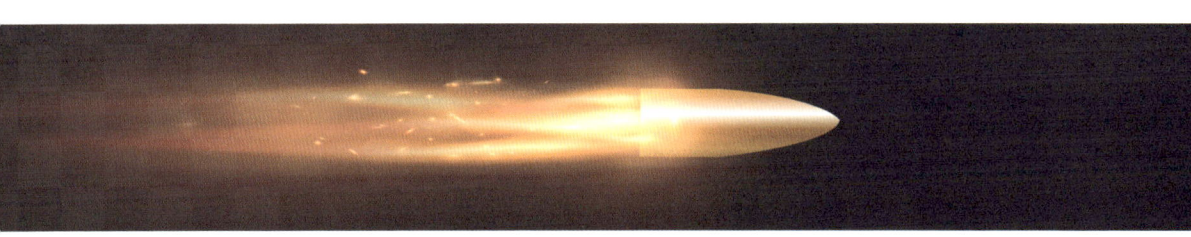

 화살은 활이 휘어졌다가 원래 모양대로 되돌아가려는 '활의 탄성력'으로 날아가. 용수철과 같은 원리이지. 대나무나 동물의 뿔처럼 잘 휘어지는 재료로 활을 만들고 양쪽 끝에 팽팽히 줄을 연결하면 화살을 쏠 수 있어.
 불을 뿜으며 날아가는 총알이나 대

일반적인 총알의 단면도. 탄두는 쇳덩어리이고 안쪽에 검은색 화약이 가득 차 있다.

포는 로켓이라고 할 수 있을까? 총을 쏘면 로켓처럼 불이 나오잖아? 또, 연료를 태우는 힘으로 빠르게 날아가기도 하고 말이야. 하지만 총알도 로켓은 아니야.

총알은 화약과 한 세트로 되어 있어서, 화약이 총 안에서 뻥 터지는 힘으로 빠르게 날아가. 연료를 태워서 날아가는 로켓과 원리가 비슷해. 그런데 총알의 화약은 딱 한 번만 폭발해. 방아쇠를 당기면 화약이 터지면서 총알을 밀어내지. 그 힘으로 쭉 날아가는 총알은 그냥 쇳덩어리일 뿐이야.

로켓은 안에 있는 연료가 없어질 때까지 몇 번이고 계속 태우잖아? 총알은 안의 화약이 딱 한 번만 타고 없어져서 로켓과는 달라.

그렇다면 스스로 연료를 태워서 날아가는 제트 비행기는 로켓일까? 제트 비행기는 로켓과 아주 비슷하지만 역시 로켓은 아니야.

제트 비행기에는 '제트 엔진'이 달려 있어. 이 엔진의 앞쪽에는 로켓과 다르게 뻥 뚫린 구멍이 있지. '흡기구, 또는 공기구멍'이라고 불리는 곳이야. 제트 엔진은 이곳으로 빨아들인 공기를 연료와 함께 태워서 뒤로 내뿜어. 제트 비행기는 그 힘으로 날아가는 거야.

로켓에서는 이런 흡기구를 보지 못했지? 하늘과 다르게 우주에서는 빨아들일 공기가 없어서 흡기구가 필요 없는 거야. 정리하면 제트 비행기도 로켓이 아니지.

이제 무엇이 로켓이고 무엇이 로켓이 아닌지 알겠지?

제트 엔진

제트 비행기

로켓의 조건

1. 꽁무니에서 불길이 나와야 한다.
2. 지나간 자리에는 구름 같은 가스가 남는다.
3. 가진 연료를 다 쓸 때까지 몇 번이고 계속 태운다.

로켓의 닮은꼴

물 로켓은 로켓일까?

물 로켓은 기다란 몸통에 넣은 공기와 물이 밀려 나오는 힘으로 날아가요. 먼저 물을 어느 정도 채운 물 로켓에 공기 펌프를 연결해서 공기를 잔뜩 넣어요. 그다음 입구를 열면 빵빵해진 로켓에서 공기와 물이 뿜어져 나오는 힘으로 날아가죠. 원리도 모양도 진짜 로켓과 비슷하지 않나요? 물 로켓은 오로지 처음에 넣은 공기와 물만 그대로 뿜을 뿐이니 로켓은 아니랍니다.

물 로켓 발사

불화살은 로켓일까?

불화살은 보통 화살과 다르게 촉에 불이 붙어 있어요. 날아가면서 불길이 생기고 연기도 나오죠. 하지만 로켓은 아니랍니다. 불화살에 붙은 불이 날아가는 데 아무 도움을 주지 않기 때문이에요. 불꽃을 내뿜을 뿐 아니라 불과 연기가 날아가는 데 힘이 되어야 로켓이에요. 불화살은 날아가는 원리가 화살과 똑같고 촉에 불만 붙어 있을 뿐이에요.

비행기는 모두 로켓이 아닐까?

비행기에는 공기를 빨아들이는 '흡기구'가 달려 있어요. 그런데 흡기구가 없는 비행기도 있답니다. 바로 'X-1'이라는 비행기예요. X-1은 빠르게 날아다닌 최초의 비행기이기도 해요. 무려 약 70년이나 전인 1947년에 말이에요. 우주도 날 수 있는 '강력한 로켓 엔진'이 이 비행기의 비밀이었죠.

X-1은 겉모습이 보통 비행기처럼 생겼어요. 하늘을 날 수 있는 날개가 달려 있거든요. 몸통은 로켓을 닮기도 했어요. 이렇게 X-1은 로켓이면서 비행기라고 봐야 해요.

X-1

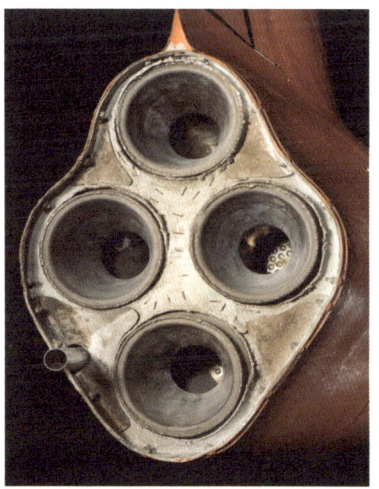

X-1의 강력 엔진

02 로켓은 폭죽에서 시작되었다?

중국의 불꽃놀이 폭죽에서 시작된 로켓은 무기로 쓰이며 발전했다.

아주 옛날, 중국의 도사들은 흙이나 돌, 숯 등을 섞어 신비로운 약을 만들었어. 그들은 귀신을 쫓아내거나 병을 고치거나 늙지 않게 해 주거나 신선이 되게 해 주는 여러 약을 만들었지. 그러다 우연히 특별한 약을 만들어 냈어. 불을 붙이면 불꽃을 마구 뿜으며 빠르게 타는 '화약'을 만들어 낸 거야!

옛날 사람들은 화약을 태웠을 때 나온 불이 귀신을 쫓아낸다고 믿었어. 그래서 제사를 지낼 때 화약을 태웠지. 붉은색에 귀신을 쫓아내는 힘이 있다고 믿은 사람들은 화약을 붉은색 통에 넣었어. 화약과 붉은색의 힘이 더해지면 어떤 무서운 귀신이라도 물리칠 수 있다고 생각한 거야. 화약이 든 붉은색 통을 태우면 불꽃이 튀면서 따닥따닥 소리가 났어. 그게 바로 '폭죽'이야.

중국 사람들은 지금도 폭죽을 아주 좋아해. 명절이나 축제 때면 여러 사람이 모여서 폭죽을 잔뜩 터트려. 그런데 땅에서만 터지는 폭죽이 시시하다

고 생각하는 사람도 있었어. 그래서 통에 넣은 화약이 탈 때 나오는 강한 힘으로 하늘 높이까지 올라가는 폭죽도 만들었지.

이 폭죽이 바로 '최초의 로켓'이야! 불꽃을 내면서 연료를 태운 힘으로 날아가는 폭죽은 로켓의 조건에 딱 맞아. 게다가 공기구멍(흡기구)도 없어. 최초의 로켓은 이렇게 약 1000년 전에 장난감으로 만들어졌어.

터지면서 불을 뿜는 화약을 보고 무기로 쓰려는 사람도 나타났어. 그 당시에는 아직 총알이나 대포가 없어서 화살에 폭죽을 달았어. 활보다 강한 폭죽의 힘으로 화살을 멀리 날려 보내려는 생각이었거든. 화살이 목표에 맞으면 남은 화약이 뻥 터져 불을 붙이기도 했지. 최초의 로켓 무기는 이렇게 만들어졌어.

이 화약 무기는 '불을 뿜는 화살'이라는 뜻으로 '화전'이라 불렀어. 화전은 무려 1000년 전부터 만들어져서 무기로 쓰였지. 커다란 소리를 내면서 날아가는 화전은 옛날 사람들에게 정말 무시무시했을 거야.

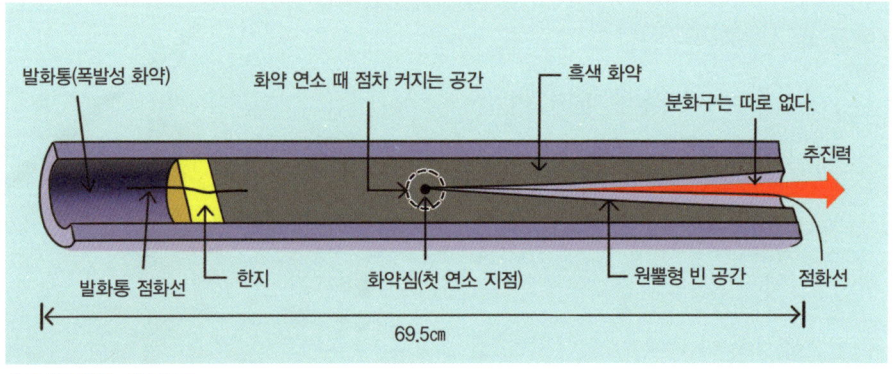

대신기전 약통 내부 구조

중국에서는 화전을 만드는 방법이 비밀이었어. 강력한 무기인 만큼 자기들만 만들어서 쓰려고 했던 거야. 그런데 고려 시대 최무선이라는 사람이 화약과 화전 만드는 방법을 알아냈지 뭐야? 중국의 화약과 화전을 뜯어보고 직접 만들며 몇 년 동안 노력한 결과였지.

그가 만든 화전은 '주화'라는 이름으로 불렸어. 주화는 화살을 아주 멀리 날릴 수 있었지. 최무선은 만든 화전을 해적을 쫓아내는 데 써야 한다고 생각했어. 당시 고려에서는 사람들을 해치고 돈을 빼앗아 가는 해적들이 골칫거리였거든.

활과 칼을 잘 쓰는 해적들과 싸워서 이기기는 힘들었어. 이때 주화가 활이 닿지 않는 먼 거리에서도 해적들이 탄 해적선을 맞히면서 상황이 달라졌어. 그 덕분에 들끓던 해적들이 거의 다 사라졌지.

조선 시대 사람들은 주화를 더 강력한 무기로 발전시켰어. 그게 바로 '신기전'이야. 신기전은 화살을 날리는 로켓과 폭발하는 폭탄이 달려 있어. 신기전의 폭탄 부분은 터지면서 요란한 소리와 큰 폭발을 일으켰어. 막강한 무기였지만 주화보다 훨씬 많은 화약이 필요했지. 많이 만들기 어려웠던 만큼 중요한 싸움에서만 쓰였던 거야.

중국에서 만들어진 최초의 로켓, 폭죽이 신기전으로 발전하는 동안, 서양에도 로켓 무기가 전해졌어. 어떻게 전해진 것일까? 바로 칭기즈 칸이 지배하는 '몽골의 기마병들'을 통해서였어.

말을 타고 다니던 몽골인들은 동양과 서양의 넓은 땅을 모두 지배했어. 그들 모두 달리는 말을 잘 다루는 강인한 전사들이었거든. 하지만 몽골인들

몽골 기마병

이 싸움밖에 모르는 야만인은 아니었어. 점령한 중국에서 대포나 화전을 가져다 쓸 정도로 새로운 무기와 기술을 잘 활용했거든.

몽골은 서쪽으로 나아가면서 서양의 여러 나라를 차지했어. 이때, 몽골군이 쓰던 화약 무기를 서양인이 훔쳐다 쓰면

중세 시대에 쓰던 총

서 화약이 서양에 전해졌어. 이때 주화도 같이 전해졌지. 이렇게 서양으로 간 로켓 무기는 가끔 전쟁에 쓰이기도 했지만 특별히 활약하지 못했어. 서양의 군인들은 그때까지만 해도 총을 더 좋아했거든.

로켓은 서양에서 몇백 년 동안 별다른 활약을 하지 못했어. 그러다가 미국의 '로버트 고다드'라는 사람이 로켓의 새로운 사용법을 생각해 냈지. 고다드는 무기가 아니라 탈것으로 쓰면 좋겠다고 생각했어. 커다랗게 만들어서 하늘은 물론 우주까지 갈 수 있도록 말이야.

주화나 신기전을 따라 한 서양의 로켓은 모두 화약을 연료로 썼어. 화약으로 만든 로켓은 빠르고 강했지만, 너무 순식간에 날아가 버려서 방향을 바꾸기 힘들었어. 고다드는 화약 대신 석유를 태우는 로켓을 만들었어. 그

고다드와 최초의 액체 연료 로켓

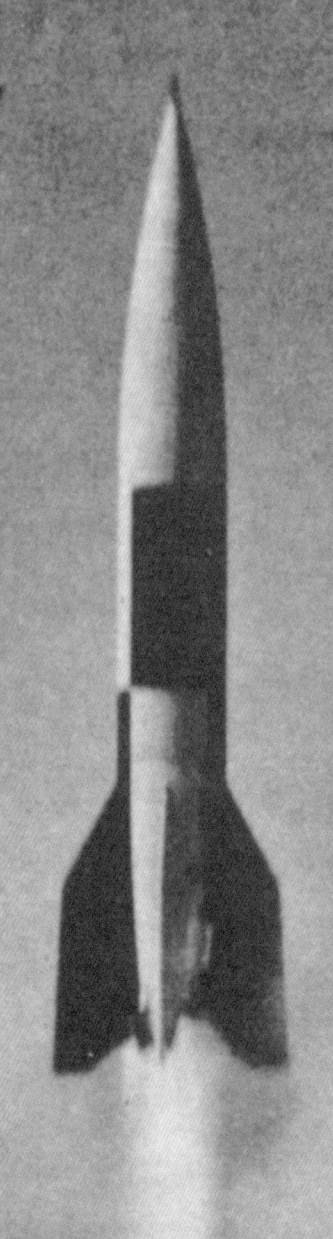

발사되는 V-2 로켓

V-2 복제 모델

렇게 처음 만든 로켓은 아주 작았지만, 불을 붙이자 멋지게 하늘을 날았어.

그가 만든 로켓이 날아가는 데 성공했는데도 사람들은 로켓으로 우주에 갈 수 있으리라고 생각하지 못했어. 고다드가 첫 로켓을 발사할 때는 라이트 형제의 비행기가 하늘을 난 지 20년도 안 됐을 때였거든. 하늘을 날 수 있게 된 것도 몇 년 되지 않았는데, 우주를 여행한다고 하니 믿기 어려웠던 거야.

그때 마침 2차 세계 대전이 한창이었어. 미국과 독일은 치열하게 전쟁했어. 그러던 중 독일의 스파이가 고다드가 만든 로켓 정보를 독일로 빼돌렸지. 로켓이 엄청난 무기가 될 수 있겠다고 생각한 거야. 독일은 고다드의 로켓을 아주 크게 만들고 화약을 잔뜩 실어서 강력한 무기로 만들었어. 그리고 'V-2 로켓'이라고 불렀어.

대포보다 훨씬 먼 거리를 날아간 V-2 로켓은 적의 도시와 군대를 공격했어. 독일과 싸우는 나라의 군인에게는 정말 무서운 무기였을 거야. 안타깝게도 V-2 로켓이 완성도 있게 만들어졌을 때, 독일은 이미 전쟁에서 지기 직전이었어. 무시무시한 V-2 로켓도 다 지고 있는 전쟁을 뒤집을 수 없었지.

결국 독일이 지자, 미국과 소련(지금의 러시아) 두 나라가 V-2 로켓을 가져갔어. 미국과 소련은 V-2 로켓으로 새로운 무기를 만들었고 우주 개발을 시작했지. 우주를 향해서 두 나라가 경쟁한 거야. 이때가 역사에서 로켓이 가장 많이 발전한 시대야.

최고의 로켓 무기, 신기전

신기전은 조선에서 쓰인 로켓 무기예요. 그 당시, 신기전은 세계에서 가장 뛰어난 로켓 무기였어요. 신기전에는 '소신기전·중신기전·대신기전'이 있었어요.

소신기전

중신기전

대신기전

가장 작은 소신기전은 로켓이 달린 화살이에요. 주화와 거의 똑같답니다. 신기전의 특징인 폭탄도 없고 그냥 멀리 날아가는 화살이었어요. 중신기전은 로켓 부분과 폭탄 부분이 나뉘어 있어요. 목표를 맞히면 펑 터졌죠. 중신기전보다 훨씬 큰 대신기전은 화살촉은 없지만 더 멀리 날아갈 수 있어요.

세 종류의 신기전 가운데 중신기전이 전쟁에서 가장 도움이 되었어요. 소신기전은 보통 화살과 다르지 않았고 대신기전은 커다란 크기에 비하면 위력이 형편없었거든요. 중신기전은 적당히 멀리 날아가면서 위력도 약하지 않았어요. 덕분에 전쟁터에서 가장 강력한 무기로 쓰였죠.

화차

신기전을 여러 발 묶어 동시에 쏘는 '화차'도 있었어요. 바퀴가 달려 이동하기도 편했고 발사하기도 쉬웠어요. 조준하고 불을 붙이면 중신기전 100발이 한곳으로 날아가 모여 있는 적 수백 명을 단숨에 물리칠 수 있었어요. 조선 초기에 만들어진 화차는 임진왜란까지 크고 작은 전쟁에서 활약하며 조선을 지켜 냈답니다.

03 우주를 둘러싼 경쟁, 그 승자는?

— 🚀 **우주를 둘러싸고 미국과 소련이 경쟁하며 여러 로켓을 만들었다. 처음에는 인공위성과 우주 왕복선을 먼저 날린 소련이 앞섰으나 미국이 달에 사람을 보내며 상황이 뒤집혔다. 지금은 두 나라가 협력하여 우주 개발을 하고 있다.**

액체 연료로 로켓을 처음 만든 사람은 고다드야. 하지만 로켓으로 우주를 여행한다는 생각을 고다드보다 먼저 한 사람이 있었어. 바로 소련(지금의 러시아)의 과학자 '콘스탄틴 치올콥스키'야. 그는 고다드처럼 로켓을 설계했지만 아무도 믿어주지 않았어.

치올콥스키가 로켓을 연구했을 때는 라이트 형제가 비행기를 만들기 전이었기 때문이야. 하늘을 날지도 못하는데, 우주를 여행할 방법을 찾았다는 말을 누가 믿었겠니?

콘스탄틴 치올콥스키

치올콥스키는 끝내 로켓을 만들지 못했어. 결국 최초로 석유를 사용한 액체 연료 로켓을 만든 사람은 고다드였어. 그 로켓 기술이 독일로 들어가 V-2 로켓이 되었던 거야. 독일과의 전쟁에서 이긴 미국과 소련은 V-2 로켓의 기술을 빼앗아 갔지.

전쟁이 끝난 뒤 미국과 소련 두 나라는 우주와 로켓을 두고 치열하게 다퉜어. 이 두 나라는 전쟁 외에도 과학·문화·경제 등의 분야에서 경쟁하고 있었거든. 우주 개발도 그중 하나였지.

미국이나 소련은 V-2 로켓을 발전시켜 로켓 무기를 잔뜩 만들었어. 이후 소련의 일부 과학자들이 로켓 무기를 더 좋게 바꿔서 꼭대기에 폭탄 대신 인공위성 스푸트니크를 실었지.

'동반자'라는 뜻의 러시아 말인 스푸트니크는 축구공만 한 몸통에 기다란 안테나 네 개가 달린 모양이었어. 스푸트니크는 오늘날의 인공위성처럼 TV 방송을 내보내거나, GPS로 길을 안내하지는 못했어. 그냥 삑삑거리는 신호를 지구에 전해 줄 뿐이었지. 발사된 스푸트니크가 삑삑 소리를 전 세계에 전해 주자 사람들은 모두 놀랐어. 사람이 만든 물건이 우주

스푸트니크

지구에 소리를 전하는 스푸트니크

에 가서 머문 일은 처음이었거든.

이에 깜짝 놀란 미국은 서둘러 소련을 따라잡으려고 연구를 시작했어. 그런데 만드는 인공위성마다 쏘기도 전에 계속 폭발해 버리지 뭐야? 이어지는 실패에도 미국은 끝까지 포기하지 않았어. 그리고 마침내 인공위성을 쏘는 데 성공했지. 하지만 소련은 미국에게 따라잡히기는커녕 더 대담하게 도전했어. 살아 있는 개 '라이카'를 우주에 보낸 거야. 하지만 라이카는 안타깝게도 우주에 도착하자마자 죽고 말았어.

그 후에 소련에서는 또 '스트렐카'와 '벨카'라는 개를 우주에 보냈어. 이 개들은 라이카와 달리 무사히 지구로 돌아왔어. 덕분에 동물이 우주에서 살아남으려면 뭐가 필요한지 알 수 있었지. 마침내 사람이 우주에 갈 준비가 된 거야.

인공위성 경쟁에서 진 미국은 다른 방법으로 소련을 앞지르려고 했어. 로켓에 사람을 태워 우주로 보내려 했던 거야. 미국은 이 개발에 온 힘을 쏟았지만 이번에도 소련이 한발 빨랐어. 인류 최초로 우주에 전투기 조종사 유리 가가린을 보내는 데 성공했거든.

라이카

스트렐카와 벨카

소련이 무너지고 생긴 러시아는 지금도 유리 가가린을 위대한 영웅으로 여기고 있어. 러시아의 모스크바에는 그의 이름을 딴 로켓 연구소 '가가린우주센터'도 있고 커다란 동상도 서 있지.

미국이 계속 뒤처지자 사람들은 소련이 우주 경쟁에서 완전히 이겼다고 생각했어. 곧 소련이 우주를 차지할 것

유리 가가린

가가린우주센터

만 같았거든. 이런 상황에서도 미국은 절대 포기하지 않았어. 열심히 로켓을 쏘고 우주에서 새로운 기술들을 실험했지. 그리고 충분한 경험을 쌓은 뒤, 사람을 달에 보낼 계획을 세웠어. 한참 뒤처져 있던 미국의 이런 계획에 소련은 코웃음을 쳤어. 갑자기 달까지 사람을 보내겠다니 당연히 성공할 리가 없다고 생각하지 않았겠니? 소련은 사람을 달에 보내는 대신 지구 근처에 우주 정거장을 지었어. 그곳으로 보낼 넓은 우주 왕복선에서 며칠, 몇 달씩 먹고 자며 우주에서 지내려고 했지.

미국은 달을 향해 계속 로켓을 쐈어. 사람이 타지 않은 달 착륙선을 보내 달의 지도를 만들고 착륙하기 좋은 곳을 찾았어. 이때 미국이 달을 향해 쏜 로켓들을 '아폴로 로켓'이라고 해.

아폴로 로켓 1호부터 7호까지는 달까지 가지 않고 지구 주변을 빙빙 돌았어. 2호와 3호는 발사되지 못했으니 총 다섯 대가 발사되었지. 발사된 로켓들은 지구 주변을 돌면서 로켓과 달 착륙선이 제대로 움직이는지 시험해 보는 역할이었어.

아폴로 8호 로켓은 사람을 태우고 달까지 갔어. 달에 착륙하지는 못했지만, 주변을 빙글빙글 돌고 오는 데 성공했지. TV에서는 아폴로 8호가 우주에서 본 달과 지구의 모습을 생생하게 방송했어. 이때 찍은 지구의 사진은 지금도 과학책이나 교과서에 많이 실려 있어.

아폴로 9호와 10호도 달 착륙을 위한 연습용 로켓이었어. 마침내 아폴로 11호가 달에 착륙했어. 아폴로 11호에서 내린 닐 암스트롱과 버즈 올드린은 사진도 찍고 달의 흙을 퍼 오고 밥도 먹고 잠도 잤지. 그리고 안전하게 지구로 돌아

아폴로 8호에서 찍은 달과 지구 사진

달에 착륙한 뒤 남긴 발자국

왔어.

 아폴로 로켓은 11호로 끝이 아니야. 모두 18호까지 있는데, 11호부터 17호까지는 달에 사람을 태우고 갔어. 사고로 중간에 돌아와야 했던 13호를 빼면 아폴로 로켓은 달에 사람을 여섯 번이나 보낸 거야. 18호는 달이 아니라 지구 근처를 돌면서 과학 실험을 했어.

아폴로 1~17호의 역사

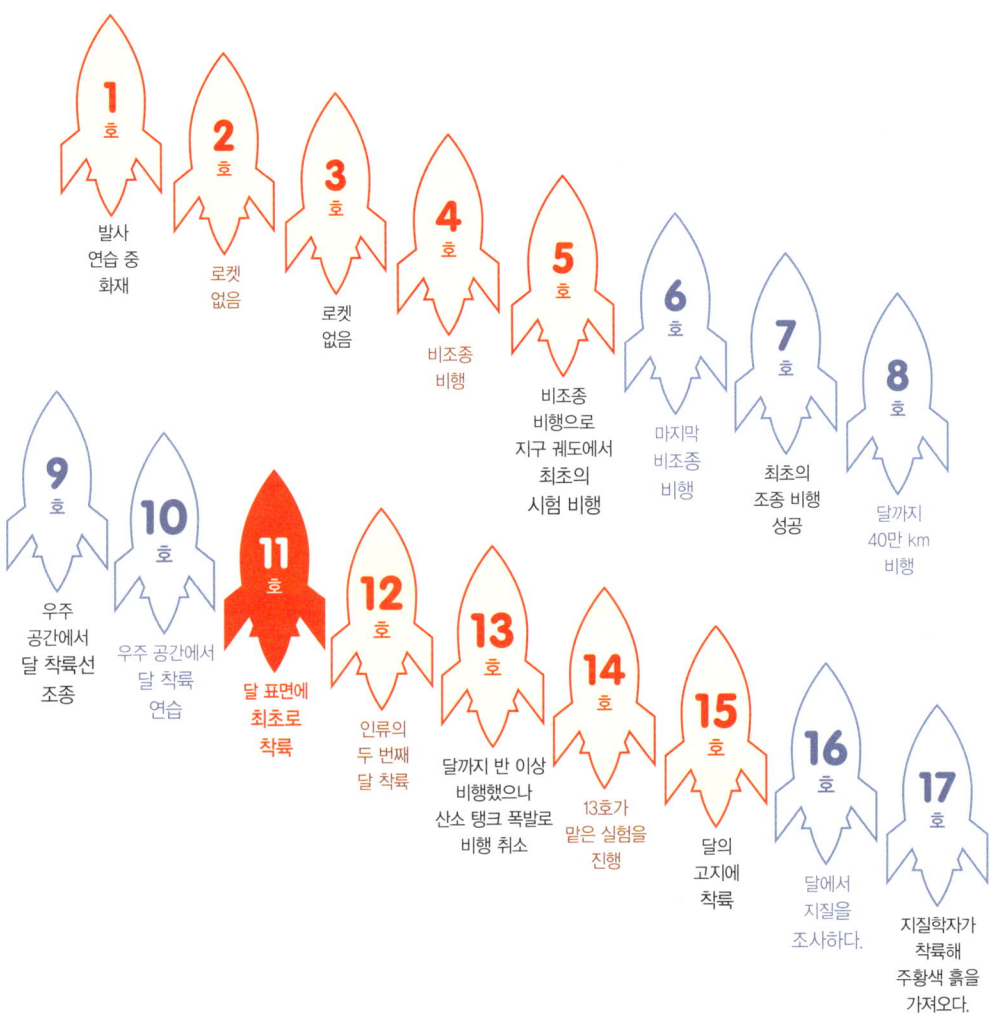

미국과 소련의 우주 경쟁은 미국의 승리로 끝났어. 더 시간이 지난 뒤에는 전쟁할 듯 으르렁대던 두 나라도 사이가 점점 좋아졌지. 지금은 두 나라가 협력해서 우주 개발을 하고 로켓을 쏘고 있어.

두 나라의 천재 로켓 과학자

미국과 소련이 로켓을 발전시킨 이유는 여러 가지가 있었어요. 두 나라의 자존심이 걸려 있기도 했고 전쟁이 벌어졌을 때 우주에서 서로 공격할 생각 때문이기도 했어요. 치열하게 경쟁하던 두 나라에는 천재 로켓 과학자가 있었답니다.

자, 첫 번째 주인공 베르너 폰 브라운을 만나 볼까요?

독일 사람인 폰 브라운은 독일에서 로켓을 연구했어요. 그는 고다드의 로켓 설계도를 훔쳐 V-2 로켓을 만든 사람이기도 해요. 그는 독일을 위해 여러 무기를 만들었어요. 전쟁에서 진 뒤 붙잡혔지만 무사히 풀려났답니다. 미국으로 간 폰 브라운은 계속 로켓을 만들었어요. V-2 로켓 만드는 방법을 전했고 미국의 과학자들과 더 큰 로켓을 만들었죠. 그 덕분에 미국은 달에 사람을 보낼 수 있었어요.

베르너 폰 브라운

두 번째 주인공은 소련의 과학자 세르게이 코롤료프입니다.

코롤료프는 비행기를 만드는 곳에서 일했어요. 로켓을 연구하던 그는 세금을 낭비한다는 죄로 감옥에 갔어요. 그가 풀려날 쯤, 전쟁이 끝나 버렸어요. 소련도 미국처럼 독일 과학자를 데려오려 했지만 대부분 폰 브라운을 따라 미국으로 가 버린 뒤였어요! 만들다 남은 로켓 부품만 있었을 뿐이었죠. 코롤료프는 남은 부품만으로 V-2 로켓의 원리와 구조를 알아내 더 좋은 로켓으로 만들었어요. 그 덕분에 소련은 가장 먼저 인공위성을 쏘고 우주에 사람을 보낼 수 있었어요. 비록 폰 브라운에게 따라잡히고 말았지만요.

세르게이 코롤료프

02

대공개! 로켓의 원리와 발전

01 날아가는 로켓의 비밀은?
02 역사를 바꾼 로켓들은?
03 앞으로는 어떤 로켓이 나올까?

01 날아가는 로켓의 비밀은?

**로켓은 땅이나 공기를 밀어내며 날아가지 않는다.
'가스'를 밀어내며 '작용과 반작용의 원리'로 날아간다.**

　로켓이 지구를 떠나 우주까지 날아갈 수 있는 원리를 생각해 본 적 있니? 아무것도 없는 우주에서도 로켓이 날 수 있는 원리는 무엇일까? 바로 '작용과 반작용의 원리'야. "어떤 물체를 밀어내면 미는 쪽도 힘을 받는다."라는 원리이지. 더 쉽게 설명해 볼게.

　바퀴 달린 의자에 앉아서 벽을 밀면 뒤로 밀려나지? 로켓도 똑같아. 뒤쪽으로 뭔가를 밀어내면서 앞으로 나아가는 거야. 그렇다면 로켓이 밀어내는 것은 무엇일까? 땅일까, 아니면 공기일까? 옛날 사람들은 이것을 잘 몰랐어. 고다드가 직접 로켓을 만들 때까지도 말이야.

　고다드는 지금부터 약 90여 년 전에 처음으로 로켓을 만들었어. 그 당시에는 자동차도 비행기도 있었어. TV는 없었지만 라디오는 들을 수 있었지. 약 90년 전에도 과학 기술은 꽤 발달해 있었어.

1900년대의 자동차

1900년대의 라디오

사람들은 고다드의 로켓이 절대 우주를 날 수 없다고 생각했어. 우주에는 공기가 없어서 로켓이 밀어낼 만한 것이 없었거든. 연료를 아무리 태워도 로켓은 제자리에 있을 거라고 생각했지.

〈뉴욕 타임스〉에서는 고다드가 고등학교 물리학도 제대로 배우지 않았다고 비난하기까지 했어. 이런 비난에도 그는 로켓을 발사하는 데 성공했지. 당시에 가장 유명한 신문이었던 〈뉴욕 타임스〉는 로켓이 날아가는 원리를 전혀 몰랐던 거야. 게다가 로켓으로 우주를 난다는 것을 진지하게 생각하는 사람도 별로 없었어. 다들 농담이나 꿈같은 이야기로 여겼거든.

고다드 교수는 작용과 반작용의 원리를 모른다. 진공에는 받침대가 될 만한 무언가가 없다. 고다드는 고등학교 수준의 물리학 지식도 없는 게 분명하다.

기사 1

우리는 예전에 고다드를 비난한 기사를 쓴 적이 있다. 그 기사는 로켓이 진공에서 날 수 없다는 내용이었다. 이미 확인된 대로, 로켓은 진공에서도 날 수 있다. 예전 기사는 틀렸다.

기사 2

로켓

연소 가스

〈뉴욕 타임스〉는 무엇을 잘못 알았을까? 또 로켓이 우주에서 아주 잘 날아갈 수 있었던 이유는 뭘까? 지금부터 로켓이 어떻게 날아서 우주까지 가는지 그 원리를 자세히 살펴볼게.

로켓 꽁무니에서 연료를 태우면 엄청난 불길과 함께 아주 많은 양의 기체가 나와. 이 기체를 '연소 가스'라고 하지. 연소 가스는 대부분 이산화탄소와 수증기로 이루어져 있어. 이산화탄소와 수증기는 석유보다 부피가 훨씬 커.

석유를 한 컵만 태워도 커다란 방을 가득 채울 만큼 많은 연소 가스가 나오거든. 이렇게 연소 가스가 가득 찬 방 안의 문을 갑자기 열면 어떻게 될까? 문을 통해 연소 가스가 마구 쏟아져 나오겠지?

로켓이 우주를 날지 못한다고 생각했던 사람들은 이 연소 가스가 막대기 같은 역할을 한다고 생각했어. 로켓의 연소 가스가 땅이나 공기를 밀어내고 땅이나 공기가 다시 연소 가스를 밀어낸다는 거야. 그 힘을 받은 로켓이 하늘로 솟구쳐 오른다고 생각했지. 바퀴 달린 의자에 앉아 막대기로 벽을 밀며 움직이는 것처럼 말이야.

하지만 로켓이 실제로 밀어내는 것은 땅이나 공기가 아닌 '연소 가스'야. 로켓이 연소 가스를 엄청나게 뿜어내면 연소 가스는 로켓을 밀어내. 로켓이 우주로 날아가면 연소 가스는 그냥 공기 중에 흩어지지.

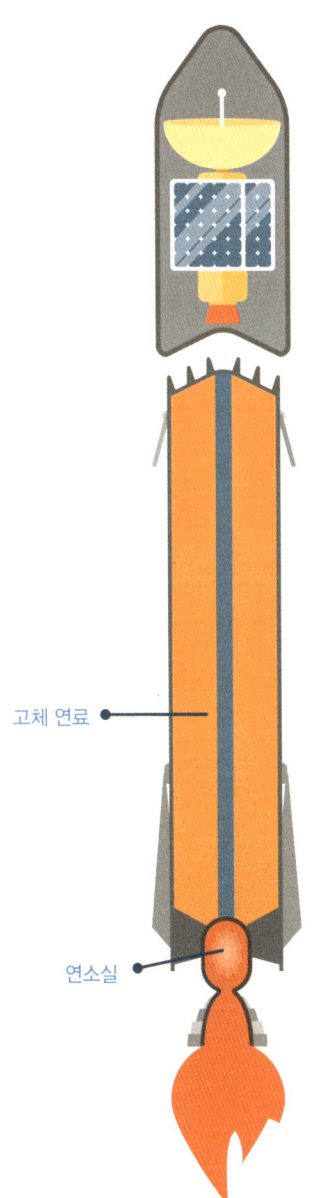

고체 연료 로켓

고체 연료

연소실

 사람으로 예를 들어볼게. 바퀴 달린 의자에 앉은 두 명이 서로 밀면 각각 반대쪽으로 밀려나겠지? 로켓은 이 원리대로 움직여. 한 사람은 로켓이고 다른 사람은 연소 가스인 셈이야.

 로켓은 이 연료가 무엇이냐에 따라 두 종류로 나눌 수 있어. 화전이나 신기전처럼 고체 화약을 태워 날아가는 로켓은 '고체 연료 로켓'이야. 고다드가 만든 로켓은 석유를 태워 날아가는 '액체 연료 로켓'이지.

 고체 연료 로켓의 안쪽은 화약이나 불에 잘 타는 고체로 가득 차 있어. 다이너마이트를 로켓 안에 잔뜩 쌓아 둔 것과 마찬가지야. 불을 붙이면 연료가 타면서 로켓이 위로 날아오르지.

 화약은 불이 붙으면 뻥 터지

지? 고체 연료 로켓도 마찬가지야. 불이 붙자마자 날아가니 속도를 조절할 수가 없어. 이렇게 고체 연료 로켓은 한 번 발사되면 연료를 다 태울 때까지 멈추지 못해. 대신 쉽게 만들어서 발사하기 좋고 보관하기도 편하지. 고체 연료 로켓을 만들 때는 연료를 원통 모양으로 굳혀서 로켓 안에 넣기만 하면 돼. 또 불이 닿지 않도록 조심하면 오랫동안 보관해도 문제없지. 주화나 신기전 같은 옛날 로켓 무기는 모두 고체 연료 로켓이야.

커다란 로켓을 쏠 때, 로켓 주변에 작은 고체 연료 로켓을 여러 개 붙여 놓기도 해. 이런 작은 로켓을 '보조 로켓'이라고 하지. 보조 로켓은 로켓이 더

보조 로켓이 달린 로켓

보조 로켓

빠른 속도를 낼 수 있게 도와줘.

액체 연료 로켓에는 석유(액체 연료)와 산화제가 가득 든 통이 있어. 산화제는 산소를 아주 차갑게 얼려서 액체로 만들어 놓은 거야. 산소를 얼려 액체로 만들면 작은 통에 아주 많은 산소를 넣을 수 있지.

석유와 산화제는 각각 통에 들어 있어. 이 통들은 굵은 파이프로 이어져 있어. 파이프를 통해 석유와 산화제가 로켓 꽁무니로 뿜어져 나와 뒤섞이지. 산화제와 섞인 석유에 불을 붙이면 산소가 없는 우주 공간에서도 활활 타올라. 로켓은 여기에서 나오는 연소 가스로 날아가는 거야.

액체 연료 로켓에는 연료 통과 산화제 통에 수도꼭지 같은 장치(펌프)를 달아 놔. 이 장치 덕분에 연료가 뿜어져 나오는 양을 마

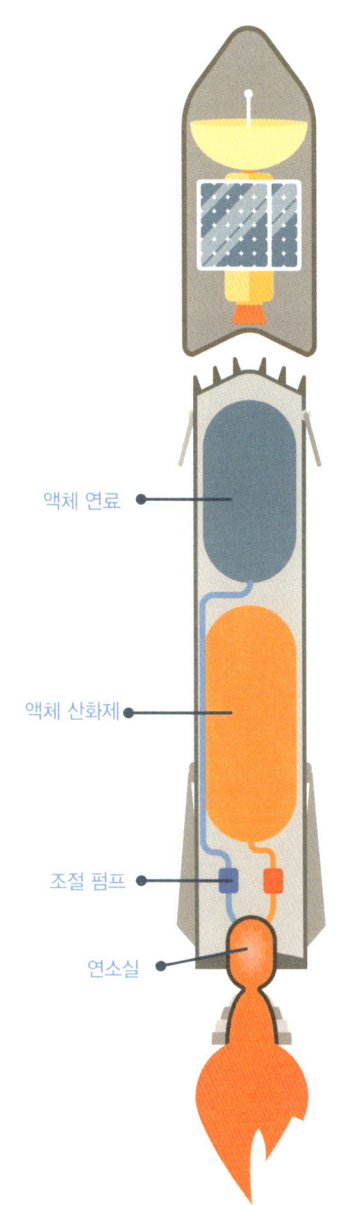

액체 연료 로켓

액체 연료
액체 산화제
조절 펌프
연소실

음대로 할 수 있어. 연료가 많이 나오면 로켓은 더 강한 힘을 낼 수 있고 더 빠르게 날 수 있어. 연료가 조금 나오면 로켓의 속도는 거의 변하지 않아.

연료를 아끼기 위해 효율적으로 날아가는 방법도 있어. 어떤 원리인지 자세히 살펴볼까?

지구에서 목성으로 날아가려는 로켓이 있어. 어떤 행성도 거치지 않고 목성까지 바로 날아가는 로켓은 연료가 많이 들어갈 거야.

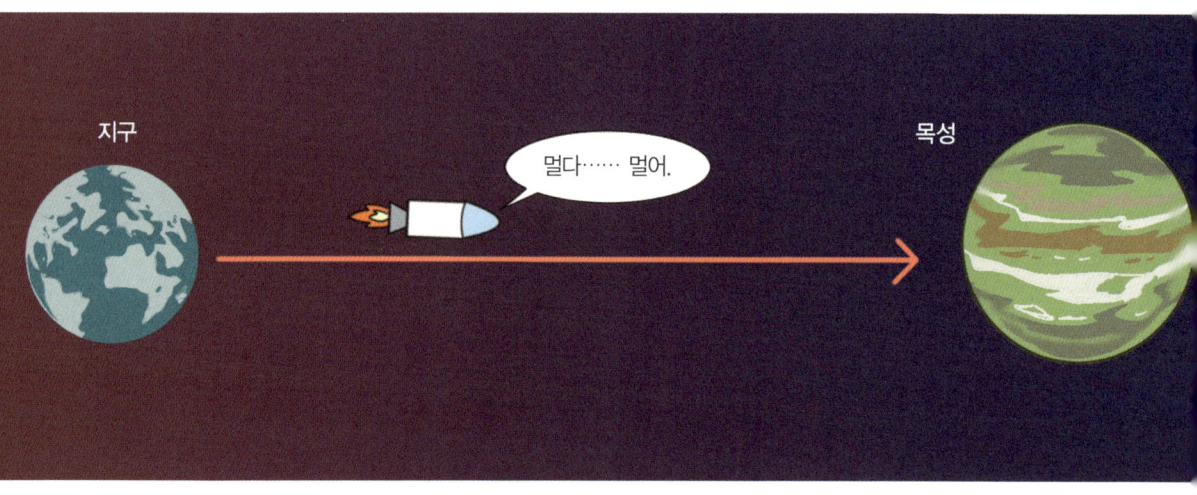

이와 달리 지구와 목성 사이에 있는 화성을 이용하면 어떨까?

화성으로 날아간 로켓은 엔진을 끄고 화성의 중력에 끌려 주변을 빙빙 돌아. 이때 로켓은 돌면 돌수록 더욱 속도가 빨라지겠지? 게다가 목성도 조금씩 움직여서 화성과 가까워지는 거야. 로켓은 화성과 목성이 가까워질 때 엔진을 켜고 날아가. 화성 주변을 돌던 힘과 엔진의 힘이 더해지면 더 빨라지겠지? 그러면 지구에서 목성으로 갈 때보다 연료를 아껴서 빠르게 도착할

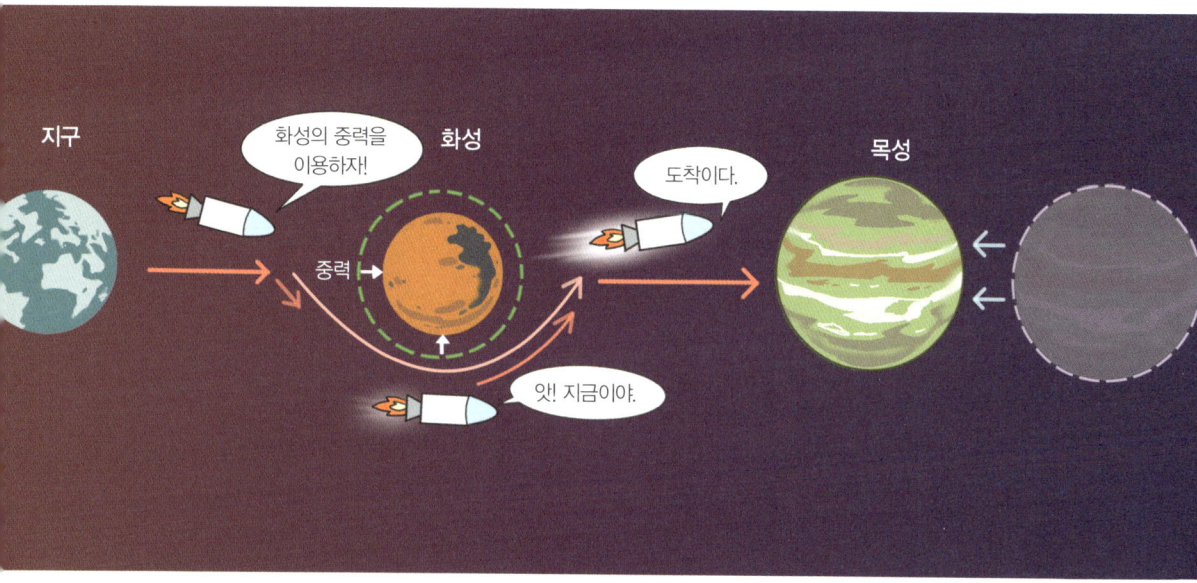

수 있어. 로켓이 이렇게 나는 방법을 '스윙바이'라고 해.

달보다 먼 곳으로 날아가는 로켓은 대부분 스윙바이를 이용해. 태양계 밖으로 날아간 '보이저 호'는 태양계의 여러 행성을 스윙바이로 날아갔어.

다시 고체 연료 로켓과 액체 연료 로켓 이야기로 돌아올게. 고체 연료 로켓은 액체 연료 로켓보다 훨씬 크게 만들 수도 있어. 하지만 고체 연료 로켓은 크기가 너무 커지면 실어야 할 고체 연료가 많아져서 무거워지고 연료가 잘 타지 않아.

액체 연료 로켓은 그럴 걱정이 없지. 아폴로 11호처럼 거대한 로켓은 모두 액체 연료 로켓이야. 하지만 아주 위험하다는 단점이 있어. 쇠를 녹슬게 하는 산화제 탓에 안쪽부터 조금씩 녹슬고 말거든. 녹슬어 생긴 틈으로 산화제나 연료인 석유가 새어 나온다면 로켓은 폭탄처럼 뻥 터져 버릴 거야. 녹스는 걸 막으려면 로켓을 텅 빈 상태로 보관해야 해. 또 발사하기 며칠 전에 펌프로 연료를 넣어야지만 안전하게 로켓을 쏠 수 있어.

고체 연료 로켓과 액체 연료 로켓 모두 장점과 단점이 있어. 어떤 로켓이 더 좋다고 말할 수 없어서 쓰임새에 알맞은 로켓을 사용해야 하지.

고체 연료 로켓 VS 액체 연료 로켓

	고체 연료 로켓	액체 연료 로켓
구조	단순하다.	복잡하다.
추진력	액체 연료 로켓보다 약하다.	강하다.
연료 넣기	로켓 안에 들어 있다.	오랜 시간 연료를 넣어야 한다.
발사 준비	빠르게 준비해 쏠 수 있다.	준비 시간이 걸린다.
재사용	다시 쓸 수 없다.	다시 쓸 수 있다.
제작 비용	싸다.	비싸다.
안전성	가스가 새어 나올 위험이 없다.	가스가 새어 나올 위험이 있다.

로켓의 진화, 하이브리드 로켓

고체 연료 로켓과 액체 연료 로켓을 합친 '하이브리드 로켓'도 있어요. 하이브리드 로켓의 연료 통에는 고체 연료가 들어 있죠. 이 연료는 고체 로켓에서 쓰는 연료와 다르게 산소를 넣지 않으면 불이 붙지 않아요. 대신 액체 연료 로켓처럼 산화제가 통에 들어 있어요. 산화제 통에 달린 수도꼭지를 이용하면 액체 연료 로켓처럼 껐다, 켰다 하면서 로켓의 비행을 조절할 수 있어요.

하이브리드 로켓은 다른 로켓보다 힘이 세요. 무거운 로켓을 더 빠르게 날려 보낼 수 있다는 뜻이에요. 그래서 짧은 시간 동안 우주여행을 하거나 작은 인공위성을 우주에 띄우기에 딱 알맞답니다.

하이브리드 로켓의 장점들을 정리하면 아래와 같아요.

1 안전하다. → 연료 통과 산화제 통이 나뉘어 있다.

2 로켓의 성능이 뛰어나다. → 고체 연료나 액체 연료 로켓보다 훨씬 좋다.

하이브리드 로켓에도 단점은 있어요. 산화제가 쇠를 녹슬게 해서 여전히 위험하거든요. 또 액체 연료 로켓처럼 커다란 로켓을 만들기도 어려워요. 달 탐사나 화성 탐사 로켓처럼 크고 성능 좋은 로켓이 필요한 일에는 하이브리드 로켓이 쓰이지 않아요.

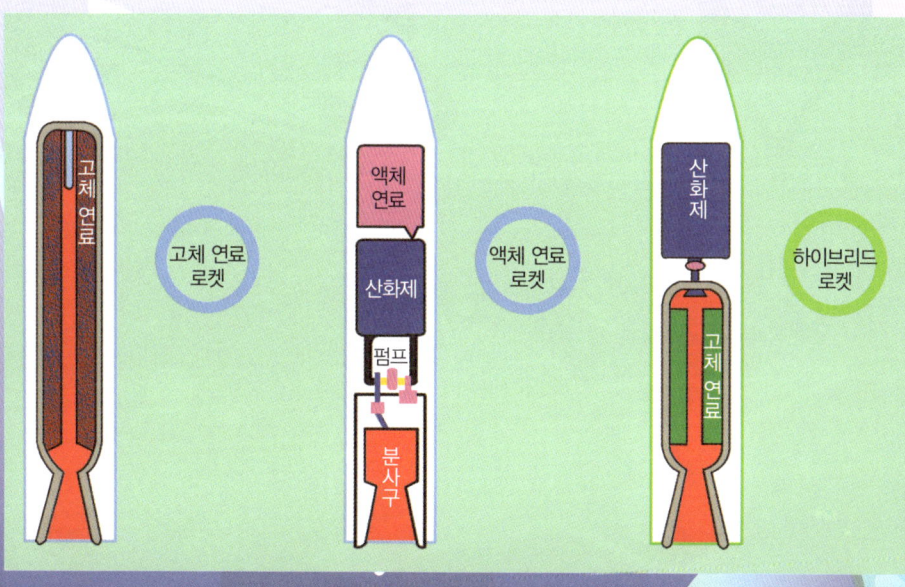

02 역사를 바꾼 로켓들은?

**대표적인 로켓은 다음 세 종류이다.
단순하고 튼튼해 무기로 쓴 V-2 로켓,
달까지 갈 만큼 강한 새턴 V 로켓, 안전하고 저렴한 소유즈 로켓.**

지금부터 인류 역사에 큰 영향을 준 로켓 세 종을 소개할 거야. 각각 독일과 미국, 러시아에서 만든 로켓들인데 어떤 로켓들이었는지 살펴보자.

독일이 만들었던 V-2 로켓은 아주 단순한 액체 연료 로켓이야. 안쪽에 산화제가 든 통과 석유 연료가 든 통이 있어. 파이프를 통해 꽁무니로 뿜어져 나온 이 연료들이 섞여서 불이 붙으면 로켓을 날려 보내.

날개 네 개는 비행기의 꼬리날개처럼 로켓이 날아가는 방향을 잡아 주고 목표에 정확히 도착하도록 도와줘. 하지만 이 당시의 기술로는 V-2 로켓을 정확하게 원하는 곳으로 보낼 수 없었어. 전혀 다른 곳으로 가거나 날아가다가 바다에 곤두박질치기도 했어.

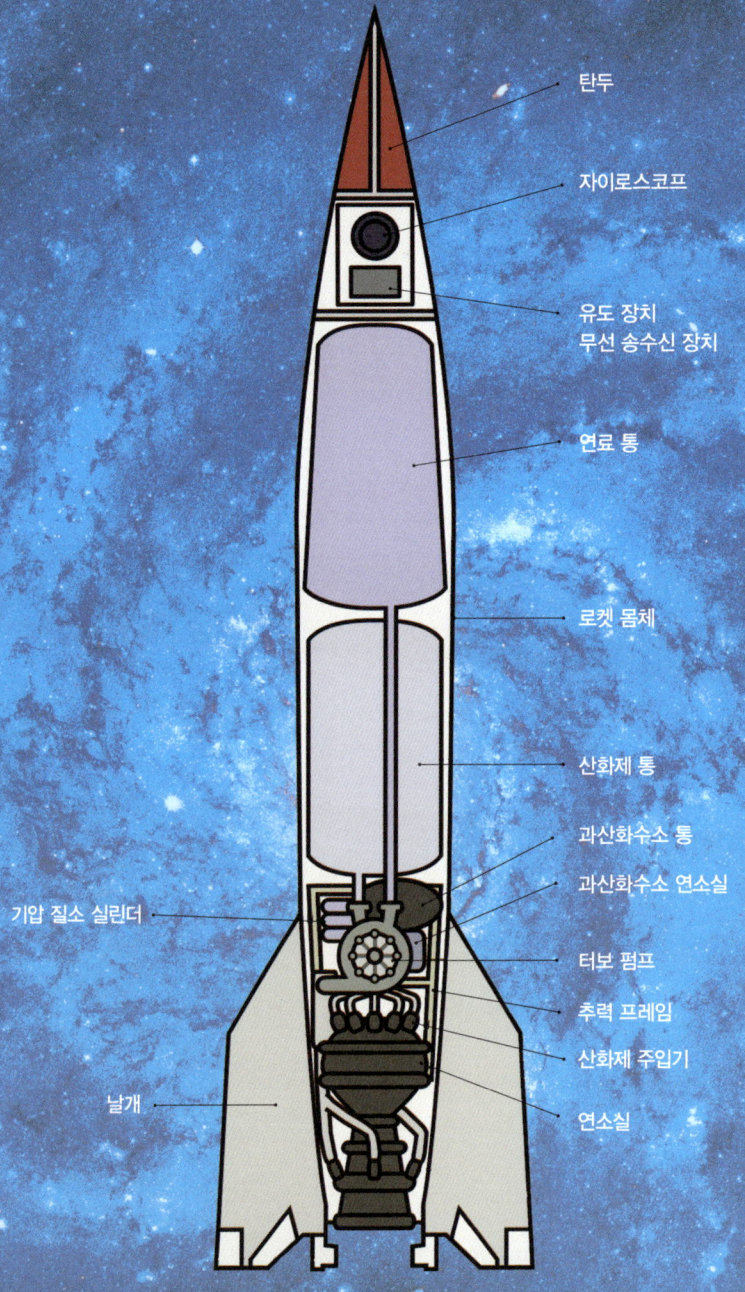

전쟁 무기였던 V-2 로켓의 꼭대기에는 화약이 들어 있었어. 덕분에 대포가 닿지 않는 아주 먼 거리까지 폭탄을 날릴 수 있었지. V-2 로켓은 처음에 무기로 만들어졌지만, 이후에 만들어지는 여러 로켓의 기초가 되었어. 로켓들은 V-2 로켓을 변형시킨 모양을 하고 있어.

달에 사람을 착륙시킨 우주선은 미국의 아폴로 우주선이야. 그럼 아폴로 우주선은 어떤 로켓을 타고 달까지 갔을까? 바로 '새턴 V'라는 로켓이야.

새턴 V는 사람을 달까지 보냈던 만큼 연료가 많이 들어갔고 크기도 컸어. 로켓이 너무 크고 무거우면 먼 곳까지 날아가기 힘들어. 먼 곳까지 날아가려면 연료를 많이 담을 수 있도록 크게 만들어야 하는데, 로켓이 커지면 잘 날아가지 않아. 그럼 대체 어떻게 해야 할까? 자, 다음 그림을 살펴봐.

왼쪽 로켓은 몸체가 하나로 되어 있지? 이와 달리 아랫쪽 로켓은 몸체가 3단으로 나뉘어 있어. 그리고 날아가면서 나뉜 1단이 떨어지고 있지. 나뉜 1

새턴 V 로켓의 구조

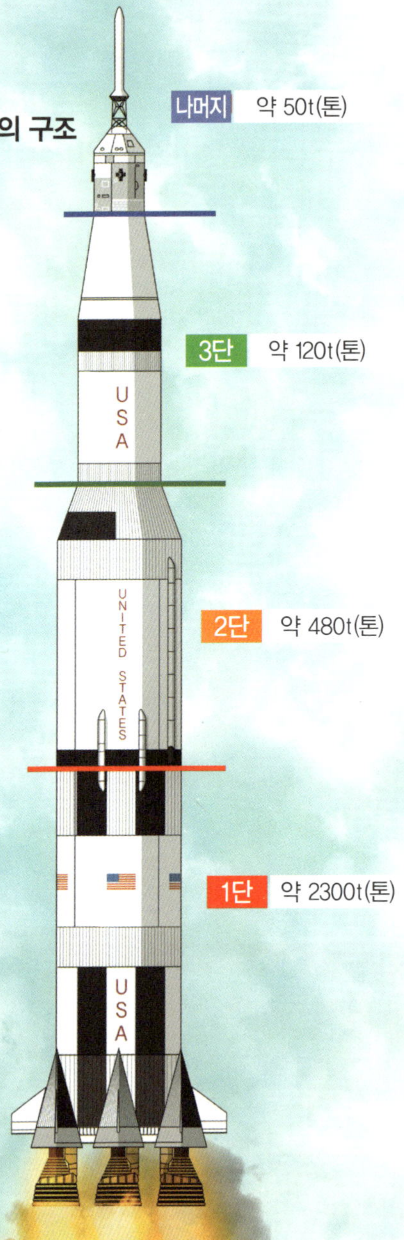

나머지 약 50t(톤)
3단 약 120t(톤)
USA
UNITED STATES
2단 약 480t(톤)
1단 약 2300t(톤)
USA

USA

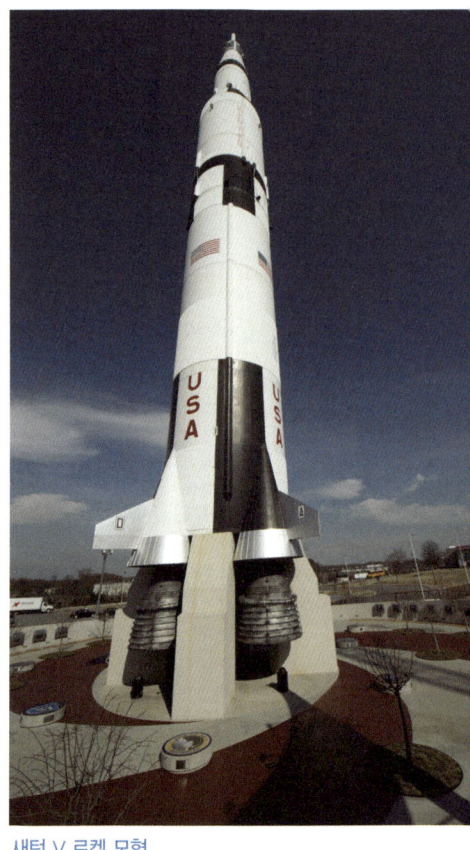

새턴 V 로켓 모형

단은 땅으로 떨어지고 나머지 2단과 3단이 힘차게 우주로 날아가는 거야. 이를 '다단 분리'라고 해.

새턴 V는 거대한 로켓을 세로로 여러 층을 쌓아서 만들어졌어. 처음에는 아래쪽 로켓의 연료만 이용해 날아가다가 연료를 다 태우면 아래쪽 로켓을 떨어트려 버려. 그다음 위쪽 로켓에 다시 불을 붙여 더 먼 곳으로 날아갔지. 점점 가벼워진 로켓은 먼 곳까지 도착할 수 있어.

마지막으로 소개할 로켓은 미국과 경쟁했던 소련의 소유즈 로켓이야. 새턴 V처럼 거대한 로켓이 최고라고 생각한 미국의 과학자들은 로켓을 더 거대하고 강력하게 만들었어. 하지만 소련은 달랐어. 로켓을 더 튼튼하고 효율적으로 만들기 위해 노력했거든.

소련의 과학자들은 소유즈 로

소유즈 로켓

소유즈 로켓 발사

켓을 발사하고 다시 만들기를 반복했어. 그러면서 고장이 잘 나는 부분을 더 튼튼하게 바꾸고 로켓에서 꼭 필요하지 않은 부분은 뺐어. 로켓을 만드는 재료도 여러 가지로 바꿔 봤어. 강철·알루미늄·플라스틱 등 수많은 재료로 만들어 봤지. 그 결과 소유즈 로켓은 가장 안전한 로켓이 되었어. 튼튼할 뿐만 아니라 고장도 잘 나지 않았거든. 소유즈 로켓이 어찌나 튼튼한지, 100번을 연속으로 발사했는데 단 한 번도 사고가 나지 않았어. 2018년에 딱 한 번 발사에 실패했지만 로켓에 탄 사람은 모두 무사했어. 그 비결은 소유즈의 비상 탈출 장치 덕분이야.

소유즈 로켓에는 '비상 탈출 로켓'이 있어. 이 비상 탈출 로켓은 소유즈 로켓을 발사했을 때 사고가 생기면 작동해. 불이 붙거나 로켓이 기울어져 쓰러질 것 같으면 사람들이 타고 있는 부분을 따로 떼어 내서 재빨리 안전한 곳으로 피할 수 있게 해 줘. 로켓이 대폭발을 일으킨다 해도 사람들은 무사할 수 있지.

소유즈 로켓은 만드는 가격도 쌌어. 다른 로켓보다 더 많이 만들어서 쏠 수 있었다는 뜻이야. 이런 장점들 덕분에 우주 비행사가 가장 많이 타고 또 좋아하는 로켓이 되었지. 심지어 소련의 경쟁 상대였던 미국의 우주 비행사도 소유즈 로켓을 탔을 만큼 말이야.

소유즈 로켓 비상 탈출 과정

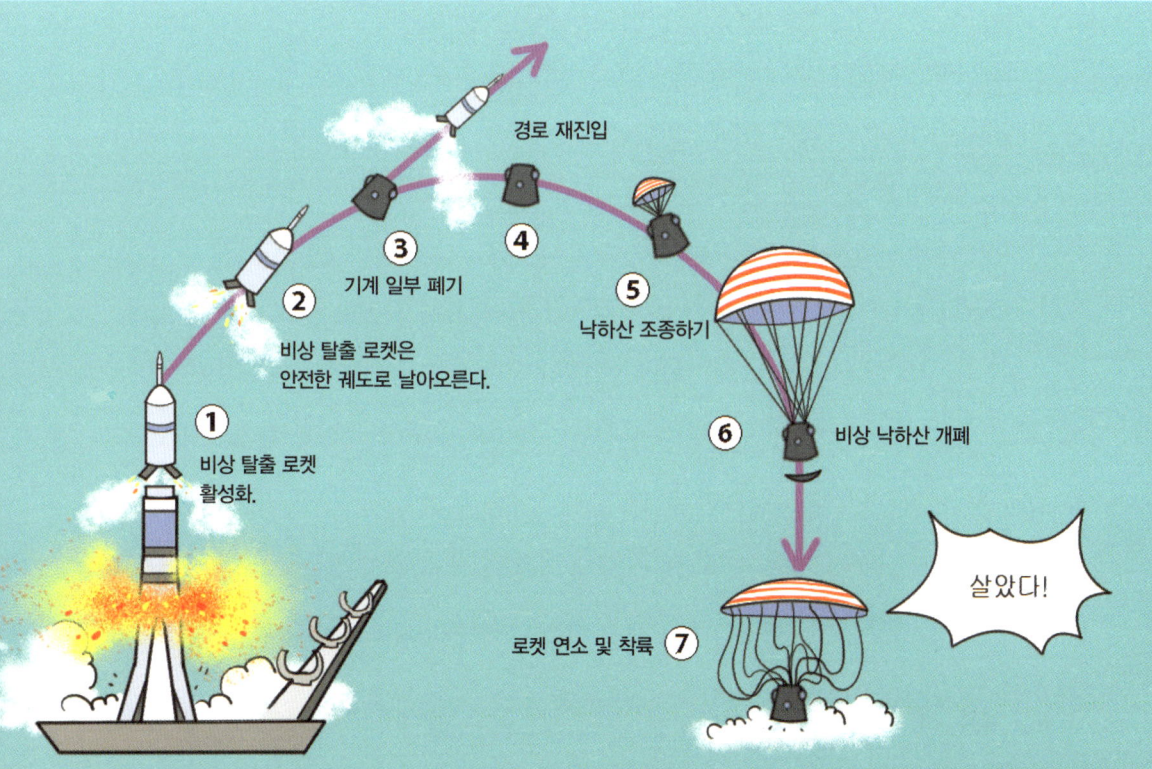

로켓 덕분에 사람은 우주에 갈 수 있었어. 다만 로켓의 낭비가 아주 심했던 점은 아쉬운 부분이지. 로켓은 일회용이었거든. 쓰고 남은 연료 통도 다 버려졌고 말이야. 나중에 만들어진, 재활용할 수 있는 로켓이 바로 '우주 왕복선'이야.

우주 왕복선은 우주선 부분과 연료 통 부분, 부스터 부분으로 나뉘어. 하얀 비행기가 바로 우주선, 가운데 있는 가장 커다란 주황색 원통이 연료 통, 양옆에 달린 하얀 로켓이 바로 부스터야.

부스터는 처음 발사할 때 작동해서 무거운 우주 왕복선이 떠오를 수 있도록 도와줘. 우주 왕복선은 이륙한 다음 부스터를 떼어 버리지. 바다에 떨어진 부스터는 주워서 나중에 다시 쓸 수도 있어. 연료 통에는 연료가 잔뜩 실려 있어. 우주 왕복선은 이 연료를 태워서 주 엔진을 켜고 우주까지 올라가. 연료 통은 부스터와 다르게 다시 쓸 수 없고 버려야 해.

우주선은 비행사들이 타고 있는 곳이야. 또 인공위성이나 여러 실험 도구, 다른 우주선과 만나 전해 줄 화물 등도 실려 있어. 이것들을 이용해서 과학 실험 등 여러 임무를 하지.

우주선에는 날개가 있어서 지구로 돌아올 때 비행기처럼 날아서 착륙해. 따라서 몇 번이고 다시 쓸 수 있지. 우주 왕복선은 2011년 이후로 쏘지 않았어. 중요한 문제가 두 가지나 있었거든.

첫 번째는 "로켓만큼 낭비가 심하다."라는 점이었어. 우주 왕복선은 우주선을 재활용하기 위해 만들어졌잖아? 빠르게 떨어지는 주황색 연료 통 부분은 공기와의 마찰로 다 타 버려서 다시 쓰지 못했어. 그냥 일회용 우주선

1
우주 왕복선 엔터프라이즈호 발사!

연료 통

부스터

우주선

부스터 분리 2

과 별 차이가 없었지.

두 번째는 '안전 문제'였어. 우주 왕복선은 비상 탈출 장치도 없었고 고장도 잘 나는 편이었거든. 우주 왕복선에서 생긴 사고로 우주 비행사가 열네 명이나 희생되기도 했어. 이렇게 위험한 우주 왕복선을 계속 쏘아 올릴 수는 없었지.

결국 우주 왕복선은 우주를 오가는 대신 박물관에 조용히 전시되었어.

연료 통 분리 3

방심은 금물! 챌린저호 폭발 사고

우주 왕복선은 여러 가지 사고를 일으켰어요. 그 가운데 가장 끔찍한 사고는 '챌린저호 폭발 사고'였답니다. 챌린저호는 발사와 함께 여러 목표가 있었어요. 하나, 인공위성의 궤도에 들어가기. 둘, 핼리 혜성 관찰하기. 셋, 우주에서 원격으로 학교 강의하기. 넷, 기타 과학 실험 등이었답니다.

챌린저호가 발사되는 날, 날씨는 영하 1℃ 정도로 추웠어요. 비행사들과 과학자들은 챌린저호가 추운 날씨도 견딜 수 있다고 생각했어요. 게다가 발사를 여러 번 미루었기 때문에 더 미룰 수 없었어요.

챌린저호의 틈은 유연하면서도 높은 온도에 잘 버티는 고무로 막혀 있었어요. 불길이나 연료가 새어 나가지 않도록 말이죠. 날씨가 추워지면서 틈을 막은 고무가 단단하게 쪼그라들었어요. 틈이 생기자 옆으로 새어 나온 로켓의 불길이 챌린저호 전체에 옮겨붙어 폭발을 일으켰어요! 커다란 챌린저호는 공중에서 폭발해 조각조각 났고 타고 있던 우주 비행사 일곱 명 모두가 목숨을 잃었어요.

이후 희생된 우주 비행사들의 이름을 딴 학교와 도로, 건물이 생겼어요. 달의 크레이터와 소행성에도 이들의 이름이 붙었어요. 유족을 중심으로 챌린저 교육 재단도 만들어졌어요. 챌린저호 폭발 사고 이후

추운 날씨로 발사대에 생긴 고드름

우주 왕복선은 개발을 멈췄어요. 그 뒤 약 2년 8개월 뒤에 디스커버리호를 발사했답니다.

앞으로 이런 사고를 막으려면 언제나 모든 일을 철저하게 점검하는 신중함이 필요하겠죠?

챌린저호 폭발

03 앞으로는 어떤 로켓이 나올까?

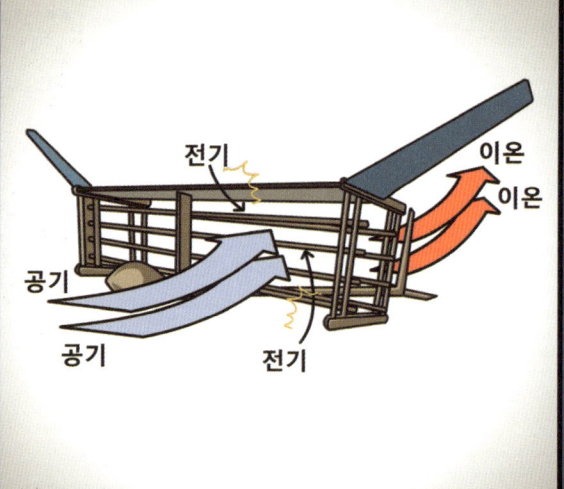

**미래에는 지금과 다른 로켓이 등장할 것이다.
가장 활발히 연구하는 로켓은 '이온 로켓'과 '원자력 로켓'이다.**

과학자들은 지금도 더 좋은 로켓을 만들려고 노력하고 있어. 더 튼튼하고 안전하면서 더 커다란 로켓을 말이야. 또 완전히 새로운 로켓을 만들려는 과학자들도 있지. 그 결과로 나온 로켓이 바로 '이온 로켓'이야! 이온 로켓은 석유를 태워서 생기는 가스 대신 이온을 뿜으면서 날아가.

이온(또는 플라즈마)은 기체에 열이나 전기를 가해 기체 원자가 마구 돌아다닐 수 있도록 한 거야. 번개나 불꽃은 하늘에서 내려치는 전기나 뜨거운 열 때문에 공기를 이온으로 만들어. 그래서 우리 눈에 밝게 빛나 보이지. 이온은 자석의 힘으로 움직여. 자석을 잘 이용하면 이온을 뿜어내는 힘으로 로켓을 날려 보낼 수 있어.

이온 로켓 엔진

플라즈마

지금까지 만들어진 다양한 로켓

　이온 엔진의 장점은 무거운 연료를 로켓에 실을 필요가 없다는 점이야. 기체를 달궈 이온으로 만들어 줄 건전지나 작은 발전기만 있으면 오랫동안 날아갈 수 있어.

이온 로켓만 있으면 우주 어디에든 갈 수 있을 것 같지 않니? 그래서 이온 로켓이야말로 '미래의 로켓'이라고 말하는 과학자도 있어. 하지만 힘이 너무 약하다는 약점이 있어. 어찌나 약한지 종이 한 장을 겨우 들어 올릴까 말까 해. 이렇게 약한 로켓으로 우주선을 지구에서 우주로 날려 보내기는 쉽지 않지.

그럼 아무 쓸모가 없냐고? 그렇지 않아! 지구에서는 너무 약하지만, 우주에서는 약한 힘으로도 날아갈 수 있어. 아무것도 없는 우주에서는 약하게 밀기만 해도 쉽게 앞으로 나아갈 수 있거든.

아주 멀리까지 가야 하는 로켓에 이온 로켓을 다는 방법도 있어. 이를테면 태양계 밖으로 날아가는

우주선에 이온 로켓을 다는 거야. 액체 연료를 쓰는 커다란 로켓으로 일단 지구를 벗어난 다음부터 작고 가벼운 이온 로켓으로 목적지까지 날아가는 거지. 두 가지 로켓이 가진 장점만을 이용하면 한 가지 형태의 로켓만 쓸 때

보다 기능이 훨씬 좋아져.

이온 로켓은 아직 미완성이야. 종이비행기를 날릴 만큼 작은 로켓으로밖에 만들어지지 않았어. 우주에서 쓸 만큼 커다란 로켓을 만들려면 더 연구해야 해.

원자력을 이용한 로켓도 있어. 안에 실은 커다란 원자로의 힘으로 날아가는 로켓이지. 그런데 원자력 로켓은 실제로 만들어 본 사람이 단 한 명도 없어. 너무 위험하거든. 원자력 로켓은 사고가 나면 핵폭탄처럼 뻥, 폭발해서 무시무시한 방사능을 지구 곳곳에 뿌릴 거야. 얼마나 많은 사람이 피해를 입을지 상상하기 힘들지? 이런 위험에도 원자력 로켓을 계속 만들자고 말하는 과학자도 많이 있어. 완벽하게 만들어지면 다른 어떤 로켓보다 성능이 좋기 때문이야. 지금도 안전한 원자력 로켓을 만들기 위해 수많은 과학자가 매일 고민하고 있지.

과학자들은 이 외에도 여러 가지 새로운 로켓을 만들고 있어. 더 성능 좋은 로켓, 더 값싼 로켓, 더 안전한 로켓…… 앞으로 우주를 마음껏 여행하려면 꼭 필요한 로켓들이야. 하지만 로켓을 만드는 데에 많은 노력과 돈, 시간이 들어가. 그러니 우리 모두 로켓에 관심을 가져야 해.

로켓을 다시 쓰는 방법?

스페이스X 전경

재사용 로켓이 무사히 내려앉는 모습

미래의 로켓은 '재사용'이 중요해요. 매번 로켓을 쏘고 버린다면 너무 많은 돈이 낭비되거든요. 우주 왕복선도 재사용을 목표로 했지만, 여러 가지 문제로 실패하고 말았죠. 그런데 재사용할 수 있는 로켓을 드디어 완성한 곳이 있어요. 바로 '스페이스X'라는 회사랍니다. 스페이스X는 '일론 머스크'라는 사람이 만든 회사예요.

스페이스X가 만든 팰컨 로켓은 발사할 때 평범한 로켓과 똑같아요. 하늘로 발사되면서 아래쪽은 분리되고 위쪽만 우주로 날아가죠. 한 가지 다른 점이라면 연료를 조금 남긴다는 거예요. 떨어져 나온 로켓은 남은 연료를 써서 아래로 떨어지는 속도를 늦춰요.

그리고 바다에 만들어 둔 기지로 돌아온답니다. 이 로켓을 깨끗하게 닦고 망가진 부분을 조금만 고치면 다시 쓸 수 있어요. 이 기술 덕분에 팰컨 로켓은 다른 로켓의 반 정도의 가격으로도 발사할 수 있어요. 많은 나라가 팰컨 로켓을 빌려 인공위성을 쏘거나, 우주여행을 하려고 한답니다.

떼려야 뗄 수 없는 로켓과 미사일

01 로켓과 미사일은 뭐가 다를까?
02 탄도 미사일은 왜 위험할까?
03 전쟁이 없는데 미사일을 쏘는 나라가 있다?

01 로켓과 미사일은 뭐가 다를까?

무기로 쓰이는 로켓 가운데 유도 장치가 달려 있는 것이 '미사일'이다.

로켓은 오래전부터 무기로 쓰였어. 화전의 역사를 생각해 보면 약 1000년 전부터 쓰여 온 셈이야. 점점 강하고 복잡하게 발전한 로켓 무기에서는 '미사일'이 대표적인 종류야.

불꽃을 내뿜으며 먼 곳까지 날아간 미사일은 목표에 정확하게 명중해. 적군에게는 무시무시한 무기이지만, 아군에게는 위험한 곳까지 가지 않아도 적을 공격할 수 있는 편리한 무기이지. 이런 장점 덕분에 여러 나라에서는 미사일을 조금이라도 더 가지고 있으려 해.

미사일을 발사하는 군함

미사일이 아닌 로켓 무기를 발사하는 군인

　그렇다면 미사일이 뭘까? 폭탄이 달린 로켓을 미사일이라고 할까? 꼭 그렇지는 않아. 폭탄이 달린 로켓이 미사일이지만 그렇지 않은 무기도 있거든. 유명한 바주카포나 몇몇 비슷한 무기들이 로켓을 쏘지만 미사일은 아니야. 이런 로켓은 총이나 대포와 차이가 없어. 조금 더 멀리 날아갈 뿐이지.

　미사일은 폭탄이 달려 있으면서 목표를 따라갈 수 있는 로켓을 말해. 발사했을 때 앞으로 쭉 날아가기만 하면 로켓 무기이고 방향을 바꿔 목표물을 따라가서 맞힐 수 있으면 미사일이지. 군대에서는 미사일을 '유도탄'이라고도 해.

몸 위쪽에 폭발물을 달고 있는 미사일은 종류와 상관없이 로켓이라는 큰 범위에 들어가는 셈이야. 미사일과 바주카포의 특징을 살펴보자.

미사일	바주카포
• 목표에 날아가 맞힌다.	
• 목표가 이리저리 움직여도 따라가서 맞힌다.	• 목표가 이리저리 움직이면 따라가지 못한다.

미사일이 로켓의 일종이라 하더라도 차이점은 있어. 알기 쉽게 그 내용을 아래에 정리해 봤어.

로켓	미사일
• 우주를 비행할 수 있는 추진력을 가진 비행체	• 로켓이나 제트 엔진으로 추진
로켓과 미사일은 어떻게 구별하지?	
우주를 향해 가면 로켓!	지상에 있는 목표를 향해 가면 미사일!

미사일과 로켓은 떼려야 뗄 수 없는 사이야. 로켓 덕분에 미사일이 발전했고 미사일 덕분에 로켓이 발전했거든. 미사일과 로켓은 거의 똑같아. 몇몇 로켓은 꼭대기에 달린 우주 비행선을 떼고 폭탄과 유도 장치를 실어서 미사일이 되기도 해. 반대로 미사일에서 폭탄을 떼고 우주선을 실으면 로켓으로 쓸 수 있지.

최초의 미사일은 바로 앞에서 말했던 V-2 로켓이야. V-2 로켓에는 목표를 따라가는 장치가 있었어. 그런데 미사일이 아니라 로켓이라고 부른 이유는 V-2 로켓이 최초의 미사일이라 이름을 어떻게 붙일지 몰랐기 때문이야.

대포나 로켓 무기를 쏠 때는 비스듬하게 위쪽을 향해 쏴야 해. 그래야 하늘 높이 올라갔다가 떨어지면서 목표를 맞힐 수 있거든. 유도 장치가 달린 V-2 로켓은 공중에서 방향을 꺾을 수 있어서 하늘을 향해 똑바로 발사해도 문제없었어. 그다음 목표를 향해 날아갔지.

V-2 로켓이 처음 등장했을 때는 아주 무시무시한 무기였어. 먼 곳에서 발사되어 아무런 예고도 없이 떨어져 폭발했거든. 하지만 멈춰 있는 목표물

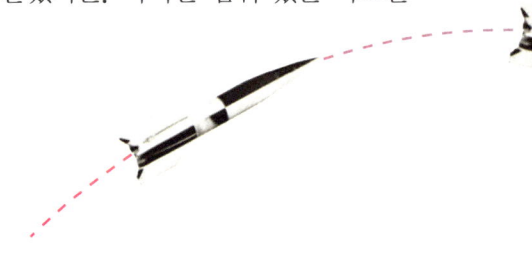

수직으로 발사되는 V-2 로켓. 공중에서 방향을 꺾어 옆으로 날아간다.

이나 건물만 맞힐 수 있었어. 목표를 따라가는 성능은 썩 좋지 않아서 빗나가기 일쑤였지.

이후 미사일은 점점 정확해졌고 움직이는 목표를 따라갈 수 있도록 발전했어. 속도도 빨라졌고 날아가는 거리도 멀어지도록 말이야. 그러면서 미사일의 종류가 아주 많아졌어. 지금은 어디에서 발사하는지, 목표는 무엇인지, 어떤 폭탄이 들어 있는지에 따라 여러 미사일이 있어.

V-2 로켓에 맞아 부서진 런던

애매한 신무기, V-2

로켓과 미사일의 역사에서 V-2 로켓은 절대 빼놓을 수 없어요. 장난감처럼 보이던 고다드의 로켓을 훨씬 커다랗게 발전시켰고 이후에 나타나는 로켓들의 기초가 되었거든요.

갑작스러운 공격으로 영국 군인들과 시민들에게 큰 공포와 피해를 준 V-2 로켓은 '악마의 사자'라고 불렸어요. '보복 무기(Vergeltungswaffe)'라는 독일 말에서 첫 글자를 따온 이 로켓은 1차 세계 대전에서 졌던 독일의 복수를 위해 만든 무기였어요. 로켓의 탄두에 1t(톤) 가까운 폭탄을 실을 수 있었답니다.

V-2 로켓은 정말 강력한 무기였을까요? 사실 별로 좋은 편은 아니었어요. 먼 거리에서 상대를 공격하는 능력은 굉장했지만 목표를 정확히 맞히기는 힘들었어요. 미사일은 목표를 찾아가서 정확히 맞혀야 하는데, 목표를 찾는 능력이 좋지 않았거든요. 또 대포 알보다 훨씬 커서 센 바람이 불 때면 조금씩 방향이 틀어져서 빗나가기 일쑤였어요.

V-2 로켓은 1945년 3월까지 총 3200여 발이 발사됐어요. 벨기에의 안트베르펜을 향해 1610발, 런던을 향해 1358발이 집중 발사되었죠.

V-2 로켓에 공격받은 벨기에

V-2 로켓은 누구도 만들지 못했던 새로운 무기는 분명해요. 또 우주 개발에도 큰 영향을 주었어요. 하지만 전쟁에서 지고 있던 독일을 다시 이기게 해 줄 만큼 강력한 무기는 아니었답니다.

— ◁•▷ **탄도 미사일은 아주 먼 곳도 공격할 수 있다.
아주 위험한 무기이면서 전쟁을 막아 주는 무기이기도 했다.**

최초의 미사일인 V-2 로켓은 땅에서 발사해 목표를 맞히는 미사일이야. 주로 총과 대포를 만드는 공장이나 군대가 이동할 다리를 부수는 데 쓰였지. 시간이 흐르면서 미사일도 여러 종류가 생겼지만, 지금도 V-2처럼 목표물을 맞히는 미사일이 가장 대표적이야. 이런 미사일을 '탄도 미사일'이라고 해. 포탄처럼 위로 솟구쳤다 아래로 떨어지는 미사일이라는 뜻이지. 탄도 미사일은 하늘 높이 솟구쳤다가 공중에서 떨어지며 방향을 조금씩 바꾼 뒤 목표를 찾아가. 거의 우주까지 올라갔다가 떨어지기 때문에 속도가 아주 빨

라. 또 아주 먼 곳도 쏠 수 있지. 막거나 피하기 어려운 탄도 미사일이 무서운 진짜 이유는 따로 있어. 핵폭탄이나 생화학 폭탄처럼 무시무시한 무기를 실을 수 있기 때문이야.

    옛날에는 핵폭탄을 비행기에서 떨어트렸어. 피해를 줄이려면 아주 높은 곳에서 떨어트린 폭탄이 땅에서 폭발하기 전에 재빨리 도망쳐야 했지. 이후 핵폭탄은 떨어트린 비행기도 강한 폭발에 휘말려 버릴 만큼 위력이 강하게 발전했어.

폭탄을 떨어트려 공격하는 B-17 폭격기

군인들은 핵폭탄을 쏠 새로운 방법을 찾아야 했어. 마침 미국과 소련이 앞다투어 로켓을 쏘아 올리던 때였지. 그래서 군인들은 로켓에 핵폭탄을 실어 쏠 생각을 한 거야.

당시의 로켓은 우주를 날아갔다 돌아올 정도였어. 그런 로켓으로 미사일을 만들었으니 얼마나 멀리 날아갔겠니? 지구 어디라도 날아갈 수 있었을 거야. 로켓에 핵폭탄을 달아 핵미사일을 만들자 어디에든지 핵폭탄을 쏠 수 있었어. 세상 사람들이 언제 핵폭탄을 맞을지 모른다는 두려움에 떠는 시대

무시무시한 핵미사일 조준

가 온 거야.

 핵미사일을 만든 나라는 다른 나라보다 더 많이, 더 강력하게 만들려고 온 힘을 쏟았어. 어떤 핵미사일은 미사일 하나에서 폭탄 여러 개가 동시에 떨어져. 어떤 핵미사일은 지구 반대편에서 날아와 축구장을 맞힐 만큼 정확하기도 해.

 넓은 범위를 잿더미로 만드는 핵미사일은 왜 정확해야 했을까? 목표 근처에만 맞혀도 충분할 텐데 말이야. 핵미사일에게는 정말 중요한 역할이 따로 있기 때문이야. 상대의 기지를 부숴서 핵미사일을 쏘지 못하게 하는 역

©NASA

할이었지. 땅속 깊은 곳에 숨겨 둔 기지는 정확히 맞혀야만 부술 수 있어. 그러다 보니 핵미사일은 아주 정확해져야 했던 거야.

 이렇게 점점 정확해지는 핵미사일을 피해 미사일을 숨기는 방법도 생겼어. 땅속 기지에 감추거나 커다란 이동식 발사대에 실어 종일 움직여서 상대가 미사일의 위치를 찾지 못하게 했어. 가장 성공한 방법은 바로 '잠수함 미사일'이야. 바다 깊이 숨어 다니는 잠수함에 미사일을 넣어 뒀다가 바닷속에서 쏘는 거야. 바닷속에서는 미사일을 발사하기 힘들어서 잠수함에 커다란 용수철을 달아 놔. 발사할 때, 뚜껑을 열어서 용수철로 미사일을 위로 밀어

잠수함 미사일 발사

내지. 미사일이 튕겨 올라오면 그때부터 불이 붙어서 하늘로 날아가 목표를 맞히는 거야.

아주 넓은 바다를 모두 감시하기는 어려워. 그래서 잠수함이 바닷속에 꽁꽁 숨으면 더욱 찾아내기 힘들지. 바닷속에 숨어서 미사일을 쏘면 상대는 언제 어디에서 미사일이 날아올지 알 수 없어.

잠수함 미사일에도 약점은 있어. 목표를 정확히 맞힐 수 없다는 점이야. 파도와 해류 때문에 계속 흔들리는 바닷속에서 미사일을 정확히 쏘기는 어

려운 일이야. 잠수함 미사일은 기지나 군대가 아니라 사람들이 많이 사는 도시를 목표로 발사해서 '복수용 미사일'이라고 불려. 무시무시하지?

상대가 핵미사일로 공격하면 숨어 있던 잠수함은 복수용 미사일을 잔뜩 발사해서 도시를 공격해. 그러면 상대도 복수용 미사일로 다시 도시를 공격하지. 두 나라가 이렇게 전쟁하면 수많은 사람이 죽고 다치고 말아.

탄도 미사일은 군인뿐만 아니라 전쟁과 상관없는 사람들도 다치게 하는 무기야. 전쟁터에 없던 사람들도 탄도 미사일의 무시무시한 파괴력 때문에 무서움에 떨자 예상치 못한 일이 일어났어. 사람들이 이길 수 있는 전쟁도 하지 말아야겠다고 생각한 거야.

탄도 미사일이 생긴 뒤로 큰 전쟁은 일어나지 않았어. 물론 전쟁이 아주 사라지지는 않았지. 하지만 예전처럼 몇십만 명이 다치고 몇만 명이 목숨을 잃을 만큼 끔찍한 전쟁은 없어졌어. 우주를 개척하려고 만든 로켓이 무기가 되었고 그 무기는 다시 전쟁을 막는 도구가 되었어. 이상한 일이지?

핵미사일이 있는 나라

무시무시한 핵미사일이 있는 나라는 전 세계에 얼마나 있을까요? 핵미사일이 있는 나라는 모두 다섯 곳이에요. '미국·러시아·영국·프랑스·중국'이죠.

미국은 핵폭탄과 핵미사일을 처음으로 만든 나라예요. 당연히 핵미사일도 7000여 개가 넘어요. 러시아는 소련 시절부터 미국과 경쟁하려고 핵미사일을 만들었어요. 그 숫자는 미국보다도 많답니다. 무려 8000개가 넘어서 세계 1위를 차지하고 있어요.

중국은 미국과 러시아보다 늦게 핵미사일을 만들었어요. 그런데도 미국과 러시아 바로 다음으로 꼽히고 있죠. 숫자는 약 300여 개 정도라고 해요.

영국과 프랑스도 핵미사일을 200~300개 정도 가지고 있어요. 하지만 잠수함 미사일밖에 없어서 중국보다 조금 뒤처져 있답니다.

이 다섯 나라는 핵미사일의 개수와 발사 방식이 모두 알려져 있어요. 또 세계 어디에든 쏠 수 있는 능력도 있어요. 이들 외에 인도와 파키스탄, 이스라엘도 핵미사일이 있다고 알려져 있어요. 이 세 나라는 핵미사일이 얼마나 있는지 알려지지 않았어요. 미국이나 러시아처럼 지구 어디든 맞힐 수 있는 탄도 미사일도 없어요. 그래서 핵미사일이 있지만, 다섯 나라만큼 자유롭게 쓰지는 못해요.

미국
1945년 7월
최초 실험

러시아
1949년 8월
최초 실험

영국
1952년 10월
최초 실험

프랑스
1960년 2월
최초 실험

중국
1964년 10월
최초 실험

이스라엘
실험 시기는
알려지지 않음.

인도
1974년
최초 실험

파키스탄
1998년
최초 실험

마지막으로 북한도 핵미사일이 있어요. 확실히 만들었지만, 전쟁에 쓸 수 있는 양이 어느 만큼인지, 그냥 시험 발사만 성공했는지 정확히 알 수 없어요.

03 전쟁이 없는데 미사일을 쏘는 나라가 있다?

— ▶ **북한이 미사일을 쏘는 이유는 위험한 탄도 미사일을 가지고 있음을 주변 나라에 알리기 위함이다.**

무기를 잘 쓰려면 훈련이 필요해. 군인들은 평화로울 때도 과녁에 총을 쏘면서 열심히 훈련하지. 전쟁이 터졌을 때 가족과 친구를 지키기 위해서 말이야. 탄도 미사일도 마찬가지야. 잘 쓰려면 꾸준한 훈련이 필요해. 그래서 아무것도 없는 땅이나 바다 위에 만든 과녁에 미사일을 쏘는 연습을 해. 전쟁할 때 미사일을 제대로 쏘지 못하면 큰일이잖아?

탄도 미사일은 아주 조심스럽게 다루면서 훈련해야 해. 쏘는 훈련만으로도 주변 나라들이 잔뜩 겁을 먹거든. 탄도 미사일이 자기 나라 쪽을 향하면 언제든 사람이 다칠 수 있다고 생각하기 때문이야. 미사일을 훈련할 때는 다른 나라가 없는 바다를 향해 미사일을 쏴야 하지.

미사일 훈련을 가장 많이 하는 나라는 바로 '북한'이야. 언제나 미사일을

북한 스커드 미사일

쏠 수 있도록 연습하거든. 또, 새로운 미사일도 계속 만들고 있어. 새로 만든 미사일이 잘 작동하는지 확인하기 위해 쏴 봐야 해. 그러니 더 많은 미사일을 쏠 수밖에 없는 거야. 우리나라나 일본, 미국은 북한이 미사일을 쏘는지 항상 지켜보고 있어.

　북한과 남한은 1950년에 전쟁을 치렀어. 그때는 북한이 군인도 많고 무기도 좋아서 남한이 질 뻔했지. 목숨을 걸고 싸운 남한의 군인들과 세계 곳곳에서 도와주러 온 나라의 군인들 덕분에 겨우 땅을 되찾았고 지금은 싸움을 멈춘 채 지내고 있어. 평화롭게 지내는 시간이 길어지자 북한은 점점 가난해졌어. 반대로 남한은 점점 풍요로워졌지. 이렇게 부유해지면서 우리나라는 국방에도 많은 투자를 했어. 사람도 많아지고 돈도 많아져서 부자 나라가 된 거야. 조금씩 군대도 강해지고 탱크나 전투기 모두 수가 많아지면서 성능도 좋아졌지. 다른 나라와 전쟁이 벌어진다면 우리나라도 만만치 않을 거야. 우리나라를 포함한 세계 여러 나라에서는 다양한 실험과 연구를 통해 성능 좋은 탄도 미사일을 개발했어. 탄도 미사일을 막아낼 방법도 찾았지. 날아오는 탄도 미사일을 공중에서 막는 방법이야. 하지만 탄도 미사일을 완벽하게 막기는 쉽지 않아서 아직도 많은 나라가 연구하고 있어. 탄도 미사일을 막기 어려운 이유는 너무 빠르기 때문이야. 최초의 탄도 미사일 V-2도 소리의 다섯 배나 빠른 속도로 떨어졌어. 성능 좋은 탄도 미사일은 그보다 두 배나 빠른 속도를 내. 거의 우주까지 솟아올랐다 땅으로 떨어지는 미사일의 속도는 당연히 빠르겠지? 이렇게 빠르니 막아 내기도, 도망치기도 힘들 수밖에 없어. 그렇다면 빠른 미사일을 막는 방법은 아예 없을까?

미사일이 빠르게 떨어지기 전에 다른 미사일로 쏘아 맞히는 거야. 미사일이 발사된 지 얼마 안 되었을 때나 우주에 있을 때 다른 미사일로 쏘아 맞히면 막을 수 있겠지? 이 방법으로 막으려면 미사일이 어디에서 발사될지 미리 알고 있어야 해. 속도가 워낙 빨라 레이더에서 미사일이 금방 사라져 버리거든. 레이더로 미사일이 발사될 만한 곳을 언제나 미리 조준하고 있어야 하지. 하지만 어디에서 발사될지 모르는 잠수함 미사일은 막지 못해. 그래서 미사일이 땅에 떨어지기 직전에 막는 방법도 만들어졌어.

이미 빠르게 떨어지는 탄도 미사일은 발사된 탄도 미사일보다 막아 내기 어려워. 조준도 힘들고 다른 미사일로 맞히기는 더 힘들지. 그래서 아주 성능 좋은 레이더로 조준하고 아주 빠른 미사일로 막아야 해. 이 성능 좋은 미사일과 레이더를 한 세트로 만들어 놓은 것이 바로 '사드(THAAD)'야.

사드는 우리나라에도 들어왔어. 이후 더욱더 빠른 탄도 미사일이 나오면서 성능 좋은 미사일도 쏘아 맞히기가 쉽지 않았어. 미사일이 아니라 아예 레이저 빔으로 탄도 미사일을 막는 방법이 만들어졌지. 그 방법은 다음과 같아.

커다란 레이저 발사기에서 날아오는 미사일을 향해 레이저를 발사해. 레이저의 열 때문에 미사일은 공중에서 폭발하거나 고장 나서 목표를 맞히지 못하지. 레이저 발사기는 기지에 만들거나 아예 비행기에 실을 수도 있어.

레이저는 어마어마하게 빠른 속도로 날아가서 탄도 미사일이 아무리 빠르더라도 쉽게 맞힐 수 있다는 큰 장점이 있어. 또 일회용이 아니라서 탄도 미사일을 여러 번 쏘아 맞혀 떨어트릴 수 있지. 영화나 만화에 나오는 무기

미사일을 막는 사드

같지만, 이런 레이저는 실제로 쓰이고 있어. 러시아에서는 커다란 트럭에 레이저 발사기를 달아 날아오는 미사일을 언제든 쏴서 막을 수 있도록 준비했어. 미국에서도 비행기와 배에 레이저 발사기를 실어 미사일을 막는 연습을 하고 있어. 레이저 무기는 영화와 만화에서 쏘는 레이저포와 다르지만 실제로 쓰이고 있어. 미사일을 막기 위해서 말이야!

YAL-1이 미사일을 막는 모습

해군에서 쓰이는 레이저 무기

앞에서 살펴본 미사일을 막는 레이저 무기는 여러 장점이 있지만, 단점도 만만치 않아요. 가장 큰 단점은 바로 '전기의 공급'이랍니다. 강력한 레이저를 쏘려면 전기가 많이 필요해요. 적이 오면 싸우러 나가야 하는데 무기를 콘센트에 계속 꽂아 둘 수가 없잖아요? 그래서 레이저 무기와 발전기를 세트로 만든답니다. 레이저 무기에 직접 전기를 줄 수 있도록 말이에요. 실제로 비행기에 레이저 무기를 다는 계획이 가장 구체적이었어요. 미국 공군 무기 과학자들이 레이저 무기를 연구했지만 완성하지 못했답니다. 비행기에 달기에는 레이저 무기와 발전기가 너무 무거웠거든요. 대신 미국 해군이 연구를 이어받아 만들고 있어요. 커다란 배는 발전기가 아무리 무거워도 쉽게 옮길 수 있기 때문이에요.

▲ 미국 해군의 배에 달린 레이저 무기

▲ 러시아의 레이저 무기

독일이나 이스라엘, 러시아는 커다란 트럭에 레이저 발사 장치를 달았어요. 트럭에 달면 발전기와 발사 장치를 따로따로 옮길 수 있다는 장점이 있거든요. 큰 배나 비행기 한 대에 실어야 하는 장치를 나눠서 여러 대에 옮기고 필요할 때 연결해서 쓰는 거예요. 현재 러시아의 트럭에 달린 무기만 실제로 쓰이고 있답니다. 다른 나라는 아직 연구하고 있죠. 레이저 무기는 곧 세계 곳곳에서 활약할 거예요.

04

미사일이
바꾼 전쟁터

01 탄도 미사일과 순항 미사일은 무엇이 다를까?
02 바다에서 쓰인 미사일은 무엇을 바꿨을까?
03 하늘에서는 무엇으로 싸울까?

01 탄도 미사일과 순항 미사일은 무엇이 다를까?

— ▶ **순항 미사일은 비행기처럼 목표를 향해 날아가는 미사일이다.
탄도 미사일보다 정확하고 움직이는 목표물도 따라간다.**

　아주 강력하고 막아 내기 어려운 탄도 미사일은 움직이는 목표를 맞히기 어렵다는 약점이 있어. 너무 높은 데에서 떨어지다 보니 작은 목표를 정확하게 맞힐 수 없었지. 그래서 순항 미사일이 만들어졌어.

　순항 미사일은 탄도 미사일처럼 높이 올라갔다가 땅으로 떨어지는 미사일이 아니야. 목표를 따라 날아가서 정확하게 맞히지. 비행기가 날아가는 듯 말이야. '순항'은 배나 비행기를 타고 돌아다닌다는 뜻이 있어. 그래서 이 미사일은 로켓과 비행기를 섞어 놓은 것처럼 보이기도 해.

　순항 미사일은 레이더가 달려서 인공 지능처럼 스스로 목표를 찾아가기도 하고 인공위성에서 목표의 위치를 가르쳐 주면 길을 찾아가기도 해. 몸통에 달린 날개로 방향을 조절하니 이리저리 날아갈 수도 있지. 순항 미사일은 아주 먼 곳에서 날아와 자동차를 맞히거나 창문을 뚫고 건물 안을 부술 수도 있어.

　순항 미사일은 목표를 확실하게 공격해서 주변의 피해를 줄일 수 있어. 무서운 테러리스트가 사람들이 사는 주택 단지에 숨어 들어가 있어도 걱정 없어. 테러리스트가 숨어 있는 건물만 순항 미사일로 정확하게 맞히면 다른 건물의 사람들이 다치지 않게 물리칠 수 있거든. 또 어디에서 발사하더라도 똑같이 잘 맞아. 탄도 미사일은 잠수함처럼 흔들리는 곳에서 쏘면 빗나가기

순항 미사일 발사

쉽거든? 순항 미사일은 배 위에서, 잠수함에서, 달리는 자동차에서, 하늘을 날아다니는 비행기에서처럼 어디에서 쏴도 목표가 무엇이든 맞힐 수 있는 만능 미사일이야.

이제 순항 미사일이 무엇인지 알겠지? 그렇다면 탄도 미사일과 순항 미사일의 차이를 한눈에 알아볼 수 있도록 정리해 줄게.

	탄도 미사일	순항 미사일
뜻	곡선으로 비행하는 미사일	장거리를 쭈욱 날아가는 미사일
사거리	100~13000km	50~3000km
날아가는 방법	높이 올라갔다 빠르게 떨어진다.	낮게 날지만 목표를 향해 날아간다.
정확도	거리가 멀수록 정확도가 떨어진다.	거리와 상관없이 정확하다.

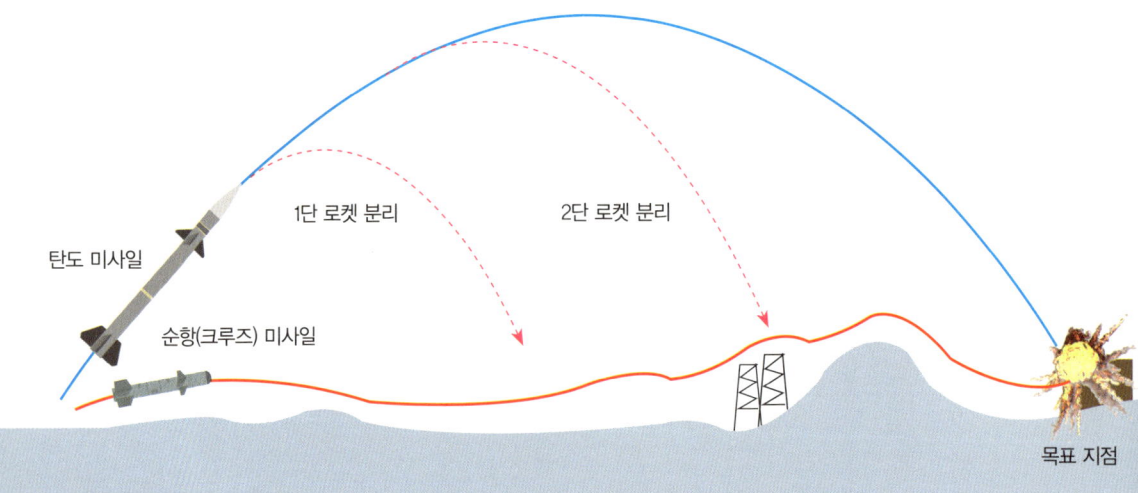

탄도 미사일과 순항 미사일

요즘은 무인기에서 순항 미사일을 쏘기도 해. 먼 거리에서 리모컨으로 조종하는 무인기에 미사일을 실어 날려 보내는 거야. 리모컨 버튼을 눌러 발사하면 아주 먼 곳에서도 미사일을 맞힐 수 있겠지?

무인기는 오랫동안 날 수 있다는 장점도 있어. 전투기가 날려면 연료가 많이 필요하고 전투기 조종사도 쉬어야 해. 귀찮아도 날다가 착륙하고 다시 날아야 하지.

무인기는 연료도 아주 조금이면 되고 조종사도 안전한 기지에서 리모컨으로 조종할 수 있어. 오랫동안 하늘을 날면서 전쟁터를 지켜보고 있다가 싸움이 벌어지면 곧바로 미사일을 쏴서 같은 편을 도와줄 수 있어.

무인기가 아니더라도 사람이 순항 미사일을 직접 들고 쏠 수도 있어. 커

미사일을 발사할 수 있는 무인기 프레데터

다란 원통 같은 미사일 발사기를 어깨에 걸치고 목표를 노려서 직접 방아쇠를 당기면 미사일이 날아가.

   옛날에도 비슷한 무기를 만든 적이 있어. 바로 '바주카포'야. 바주카포는 미사일이 아니라 로켓을 쏘는 로켓포였어. 쏜 방향으로 똑바로 날아간 로켓은 멀리에서 쏘면 대부분 빗나가고 말았어. 이런 약점 때문에 로켓 대신 미사일을 쏘도록 만들었지. 이런 미사일은 어디에 쓰일까? 주로 탱크를 물리치는 데 쓰여. 그전에는 총을 든 군인이 전쟁터에서 탱크를 마주치면 도망치거나 항복할 수밖에 없었어. 총으로 탱크를 부술 수는 없잖아? 작은 미사일을 들고 다닐 수 있게 되자, 일반 군인도 탱크와 싸울 수 있었어. 탱크 외에도 헬리콥터나 비행기와도 맞설 수 있었지. 높이 날아다니는 헬리콥터나 비행기는 총알이 닿지 않지만, 미사일은 충분히 닿을 수 있거든.

바주카포 조준

탱크용 미사일의 비밀

손으로 들고 다니는 미사일은 비행기나 자동차에서 쏘는 미사일보다 크기가 작아요. 그만큼 화약도 조금만 들어갔답니다. 튼튼한 탱크는 이런 작은 미사일을 막아 내기도 했어요. 평범한 미사일로도 탱크를 부술 다른 방법이 필요했죠.

방법은 탱크의 약한 부분, 특히 탱크의 위쪽을 맞히는 것이었어요. 탱크의 앞쪽은 아주 튼튼하지만, 위쪽은 그렇지 않거든요. 미사일은 처음에는 목표를 향해 똑바로 날아가다 목표와 가까워지면 갑자기 하늘을 향해서 치솟아요. 그러고는 아래로 뚝 떨어져서 위쪽을 맞힌답니다. 이 방법을 이용하면 작은 미사일로도 커다란 탱크를 부술 수 있어요.

재블린 대전차 미사일

02 바다에서 쓰인 미사일은 무엇을 바꿨을까?

▶ **바다에서 쓰이는 미사일이 생긴 뒤 커다란 군함(전투용 배)이 사라지고 작고 날렵한 군함이 생겼다.**

미사일이 나타나기 전, 군함은 아주 거대했어. 상대의 커다란 군함을 가라앉히려고 아주 큰 대포를 실었거든. 이 대포는 대포알의 굵기만 40cm가 넘을 정도로 컸어. 커다란 대포알을 쏘면 대포의 세기도 강해지지만, 아주 먼 곳까지 쏠 수도 있어. 대포알 안에 들어가는 화약뿐만 아니라, 대포알을 날리는 데 쓸 화약도 많이 넣을 수 있었거든. 그래서 커다란 대포를 싣는 군함도 더 커졌지. 이렇게 커진 군함을 가라앉히려면 더 큰 대포를 실어야 했어. 이렇게 크고 무거운 군함을 조종할 수 있도록 많은 사람이 타야 했고 연료도 많이 필요했어.

비스마르크 전함

비행기가 등장하면서 커다란 군함은 점점 쓸모없어졌어. 아무리 크고 강한 대포가 있어도 비행기가 날아가는 곳까지 쏴서 맞힐 수는 없었거든. 멀리에서 날아온 비행기가 위에서 폭탄을 떨어트리면 요새처럼 튼튼한 군함도 속수무책이었지. 덩치가 크고 느리니 적에게 표적이 되고 말았거든. 결국 미사일이 나타나면서 거대한 군함은 완전히 사라지고 말았어.

순항 미사일은 땅에 있는 목표물뿐만 아니라 바다 위를 오가는 배도 맞힐 수 있었어. 대포알보다 화약은 훨씬 많이 들어갔고 비행기가 떨어트리는 폭탄보다 훨씬 먼 곳에서 날아왔지.

아무리 큰 군함이라도 미사일 공격을 몇 번 받으면 바닷속에 가라앉았어. 대포도, 커다란 몸집도 쓸모가 없어진 거야. 거대 군함은 이렇게 사라졌지만 대신 날렵하면서도 미사일을 많이 쏠 수 있는 배가 나타났어. 요즘은 군함을 대부분 이렇게 만들어. 어디에든 빠르게 갈 수 있고 공격할 수 있는 미사일을 잔뜩 싣고 다닐 수 있도록 말이야.

이제 배와 배의 싸움은 미사일과 미사일의 싸움으로 바뀌었어. 적에게 미사일을 더 많이 쏘고 더 많이 맞히는 쪽이 이기는 거지. 자연스럽게 미사일을 막는 기술도 생겼어. 다른 미사일로 막거나 기관총으로 미사일을 쏘는 방법이었어.

미사일로 미사일을 막는 방법은 탄도 미사일을 막는 방법과 비슷해. 미사일을 쏴서 공격해 오는 상대편의 미사일을 공중에서 터트리는 거야.

군함들은 대부분 적을 공격할 미사일뿐만 아니라 공격을 막아 내는 미사일도 잔뜩 싣고 있어.

기관총으로 미사일을 직접 쏘는 방법은 어떨까? 미사일이 가까이 왔을 때 레이더를 연결한 커다란 기관총이 알아서 발사하는 거야. 미사일을 향해 마구 쏘면 총알에 맞은 미사일이 공중에서 터지겠지?

미사일을 막아 내는 일만 맡는 군함도 생겼어. 상대를 공격하지 않고 미사일과 기관총으로 공격해 오는 상대의 미사일에서 우리 쪽의 배를 지켜 주는 거야. 이런 배를 '이지스함'이라고 해. 이지스는 그리스 신화에 나오는 전설의 방패야. 같은 편을 지켜 주는 배에 딱 맞는 이름이지?

국내 최초의 이지스함인 세종대왕함

그럼 공격은 누가 하는 것일까? 바로 '항공 모함'이야. 항공 모함은 널찍한 바닥을 깔아서 비행기가 뜨고 내릴 수 있도록 만든 배야. 거기에서 날아오른 전투 비행기가 미사일을 발사하면 아주 멀리 있는 목표물도 맞힐 수 있어. 수평선 너머에 있는 목표물도 백발백중이지.

이지스함

항공 모함

이지스함

항공 모함

　미사일이 발전하면서 바다에서의 싸움 방식은 완전히 바뀌었어. 거대한 군함들이 대포를 발사하는 게 아니라 이지스함이 같은 편 배를 보호해 주고 항공 모함에서 비행기를 날려 싸우는 쪽으로 말이야. 미사일이 바꾼 군함과 전쟁의 모습, 신기하지?

우리나라의 이지스함

우리나라에는 어떤 이지스함이 있을까요? 우리나라에는 '세종대왕함·율곡이이함·서애류성룡함' 이렇게 세 대가 있어요. 이 셋은 모두 똑같이 생긴 형제 군함이에요. 여기에서 세 대가 더 만들어질 계획이랍니다.

이지스함은 다른 배들과 함께 다니며 미사일의 공격을 막아요. 세종대왕함과 그 형제들도 마찬가지예요. 그래서 이지스함을 '함대의 핵심'이라고 말해요. 세종대왕과 율곡 이이, 서애 류성룡은 모두 우리나라의 위인들이에요. 그런데 바다의 영웅 이순신 장군의 이름이 없다니 조금 이상하죠? 이지스함처럼 강력한 군함에는 꼭 들어가야 할 듯한데 말이에요.

이순신 장군의 이름이 붙은 군함은 이미 있어요. 충무공이순신함은 세종대왕함보다 조금 작지만, 처음 만들어질 때 우리나라의 군함에서 가장 크고 강했답니다. 충무공이순신함은 '문무대왕함·대조영함·왕건함·강감찬함·최영함'이라는 형제가 있어요.

충무공이순신함은 이지스함이 아니에요. 같은 편의 배를 지켜 주기보다 직접 미사일을 쏴서 상대의 배를 주로 공격하죠. 충무공이순신함은 공격을, 세종대왕함은 방어를 맡아요. 세종대왕함보다는 작지만, 우리나라를 지켜 주는 아주 든든한 배랍니다.

이순신함

03 하늘에서는 무엇으로 싸울까?

적을 발견했다!

네 대나 되는데 괜찮을까? 도망치는 편이 좋겠어!

괜찮아. 우리에겐 세계에서 가장 크고 강한 피닉스 미사일이 있잖아.

툭 툭

세상에!

나도 이렇게 잘될 줄은 몰랐는데!

콰 콰 쾅

— 기관총으로는 전투기를 맞힐 수 없어서 전투기를 맞히는 **미사일이 발전했다.**
이후 공중에서의 싸움도 미사일이 담당했다.

땅에서 하는 전쟁도, 바다에서 하는 전쟁도 미사일이 활약하면서 크게 바뀌었어. 하지만 하늘에서 하는 전쟁만큼 크게 바뀌지는 않았어.

미사일은 처음부터 하늘에서 가장 많이 쓰이는 무기가 아니었어. 옛날 전투기는 지금과 많이 달랐거든. 비행기가 처음 무기로 쓰인 때는 100년 전의 일이야. 의외로 오래됐지?

쇠 파이프에 나무와 천을 씌워 만든 비행기도 전쟁터에서 활약했어. 이 때의 비행기는 조종사가 하늘에서 손으로 폭탄을 떨어트리거나 총을 쏘는

독일의 포커 삼엽 전투기

미사일이 바꾼 전쟁터　**125**

것밖에 하지 못했어. 차라리 대포를 쏘는 게 더 나았을 거야.

　물론 비행기가 전투에서 쓸모없었다는 뜻은 아니야. 높은 곳을 날면서 적군은 어디에 있는지, 도움이 필요한 우리 편은 어디에 있는지 알려 줄 수 있었거든. 다친 사람을 빠르게 병원으로 옮길 수도 있었어. 비행기 덕분에 적군과 아군을 헷갈려 같은 편끼리 싸우는 일이 없어졌고 기습을 당하는 일도 줄어들었지.

　하늘을 날며 전쟁터를 살펴보던 비행기들은 우연히 만나기도 했어. 적 비행기를 만난 조종사는 권총으로 조종사를 쏘거나 비행기의 중요한 부분을

P-51 머스탱
제2차 세계 대전 중반에 활약한 연합군 측 전투기.
지속 비행 거리가 매우 길어서 연합군의 폭격에 투입되어 폭격기들을 지켰다.

쏴서 떨어트리려 했지. 하지만 날아다니는 비행기를 총으로 맞히기가 쉬울 리 없잖아? 한 발도 맞히지 못하기 일쑤였어.

시간이 지나자 성능이 점점 좋아지고 폭탄을 잔뜩 싣고 다니는 비행기가 모습을 드러냈어. 바로 땅에 있는 목표에 폭탄을 떨어트리는 일만 하는 '폭격기'가 나타난 거야. 폭격기를 막아 내는 전투기도 나타났어. 전투기는 적의 비행기를 부수거나 쫓아내는 일을 했어.

전투기의 몸통이나 날개에는 기관총을 붙여 놨어. 전투기를 잘 조종해서 이 기관총으로 상대의 전투기나 폭격기를 향해 발사했지. 기관총은 앞으로

F-86 세이버
1940~50년 사이에 만들어졌으나 자주 쓰였던 전투기로 1996년까지 쓰였다.
한국 전쟁에서 미국 공군의 주축 전투기였다.

제트기와 기관총

밖에 쏘지 못했지만 손으로 조준해서 쏘는 것보다 훨씬 잘 맞았어.

그러다가 제트 비행기가 나타나면서 미사일이 필요해졌어. 프로펠러보다 힘이 센 '제트 엔진'이 달린 제트 비행기는 프로펠러 비행기보다 훨씬 빨리, 멀리 날 수 있었어. 총알보다 빨리 날 수도 있는 제트 비행기를 어떻게 기관총으로 쏘아 맞히겠어?

이렇게 빠르게 날아 움직이는 제트 비행기를 맞히려면 새로운 무기를 만들어야 했어. 미사일은 아주 빠르게 날아갈 뿐만 아니라 목표를 따라가는 기능도 있었어. 날쌔게 피해 다니는 제트 비행기도 따라갈 수 있었지.

제트 비행기끼리의 싸움에서 미사일보다 좋은 무기는 없었어. 이렇게 공중에 있는 것들을 맞히는 미사일을 '대공 미사일'이라고 해.

미사일을 잔뜩 달고 있는 F-16 전투기

대공 미사일은 아주 빠르게 움직이는 목표도 문제없이 맞혔어. 화약을 많이 넣을 필요도 없어서 다른 미사일보다 날씬하게 생겼어. 탱크나 군함보다 훨씬 가볍고 약한 비행기를 상대하기에 좋았지. 목표를 정확히 맞히지 않아도 괜찮다는 장점도 있어. 근처에서 폭발하기만 하면 주변으로 퍼진 날카로운 쇳조각이 비행기에 부딪혀 피해를 주거든. 대공 미사일이 생기면서 하늘에서의 싸움은 미사일의 싸움으로 바뀌었어.

하늘에서만 대공 미사일을 쓰는 것은 아니야. 날아다니는 것을 맞히는 데라면 어디든지 대공 미사일이 쓰이거든. 앞에서 이야기했던 미사일도 모두 대공 미사일이 막아. 공격해 오는 미사일을 향해 날아간 뒤, 목표 근처에서 폭발해 쇳조각을 잔뜩 뿌리는 거야. 쇳조각을 맞은 미사일은 공중에서 펑 터져 버리지.

이렇게 쓰이는 곳이 많아지다 보니 대공 미사일은 여러 곳에서 쏠 수 있도록 더욱 발전했어. 기지에서와 군함에서도 대공 미사일을 쏘거든. 심지어 손으로 들고 다니는 대공 미사일도 있어. 일반 군인들이 총을 쏴서 비행기를 맞힐 수는 없겠지만, 미사일을 들고 다니면 비행기나 헬리콥터와도 싸울 수 있겠지? 여러 미사일이 등장하면서 하늘은 땅이나 바다만큼이나 중요한 전쟁터가 되었어.

한눈에 보는 미사일 종류

미사일은 종류가 아주 많아요. 어떻게 날아가는지, 어떤 목표를 맞히는지, 어디에서 발사되는지에 따라 여러 종류로 나눌 수 있거든요.

일단 미사일은 탄도 미사일과 순항 미사일로 나눠요. 탄도 미사일은 하늘 높이 솟구쳤다 아래로 떨어지는 미사일이에요. 순항 미사일은 목표를 향해 똑바로 날아가거나 약간 위로 솟구쳤다가 목표를 향해 날아가요.

순항 미사일이라고 하면 흔히 땅에 있는 목표를 맞히는 미사일을 말해요. 군함을 공격하는 순항 미사일도 있어요. 커다란 군함을 한 번에 부술 수 있지만 이지스함에 막힌답니다. 이런 미사일을 따로 '대함 미사일'이라 불러요. 마지막으로 공중을 공격하는 '대공 미사일'이 있어요. 대공 미사일도 크게 보면 순항 미사일의 일종이에요. 비행기처럼 목표를 따라서 똑바로 날기 때문이죠.

탄도 미사일	순항 미사일
탄도 미사일	지상을 공격하는 순항 미사일
	배를 공격하는 순항 미사일(대함 미사일)
	비행기를 공격하는 순항 미사일(대공 미사일)

05

우리 삶과 로켓

01 우리나라에는 어떤 로켓과 미사일이 있을까?
02 로켓은 어떻게 삶을 바꿀까?

01 우리나라에는 어떤 로켓과 미사일이 있을까?

우리나라도 미사일을 많이 가지고 있고 인공위성을 우주에 쏘기도 했다.

미사일이 있는 나라는 아주 많아. 그럼 미사일이 가장 많이 조준되어 있는 곳은 어디일까? 바로 '우리나라'야. 왜 우리나라냐고? 남한과 북한이 많은 미사일을 서로에게 조준하고 있기 때문이지. 북한이 미사일을 만드는 이유는 앞에서 말했던 대로야. 전쟁이 일어나면 그때를 대비해 무기를 가지려는 거야.

이런 무기는 단지 있기만 하는 것은 아무런 도움이 되지 않아. 주변 나라에게 무기를 가지고 있다고 알려야 해. 뉴스에 나오는 북한의 미사일 발사는 바

최근 북한의 미사일 발사

로 이 때문이야. 강력한 미사일을 가지고 있다고 알리기 위해, 바다에 쏘는 거지.

남한도 북한만큼 많은 미사일을 가지고 있어. 북한과 같은 탄도 미사일보다 훨씬 정확한 순항 미사일도 잔뜩 있지. 다만 북한처럼 자주 쏘지 않을 뿐이야. 남한이 미사일을 많이 가지고 있는 이유도 북한과 같아.

다른 나라와 전쟁이 벌어지면 우리도 미사일을 쏘아서 도시나 발전소, 전화국 같은 중요한 건물들을 부수려는 거야.

상대 쪽에서 먼저 미사일을 발사하면 우리나라는 그 미사일이 땅에 떨어지기도 전에 미사일을 쏘아 막을 거야. 실제로 전쟁이 나면 상대 쪽도 많은 미사일을 맞아서 피해가 크겠지? 이렇게 우리나라도 잘 대비하고 있으니 다른 나라의 미사일 공격을 너무 걱정할 필요 없어.

우리나라는 미사일뿐만 아니라 '우주 로켓'도 만들고 있어. 직접 만든 우주 로켓으로 인공위성을 발사하려고 하거든. 우리나라가 쏘아 올린 첫 번째 로켓의 이름은 '나로호'야. 우리나라 과학자들이 소유즈 로켓을 만든 기술을 배워서 러시아의 과학자들과 함께 만든 로켓이지.

나로호가 만들어지기 전까지 우리나라는 만든 인공위성을 우주로 쏘아 올리지는 못했어. 다른 나라가 만든 로켓에 인공위성을 실어야만 했지. 다른 나라에 큰돈을 주고 빌린 로켓에 인공위성을 실어 대신 우주로 쐈던 거야. 주로 러시아의 소유즈 로켓과 유럽에서 만든 아리안 로켓이 인공위성을 실어 대신 쏘아 주는 데 쓰였어. 우리나라는 아리안 로켓을 더 많이 빌려 썼지.

프랑스의 아리안 로켓 모형

　나로호는 우리나라가 직접 만든 로켓이야. 두 번이나 발사했지만 결과는 실패였어. 한 번은 우주에 올라갔지만 뚜껑이 벗겨지지 않아 인공위성이 로켓에서 나오지 못했어. 다른 한 번은 로켓이 공중에서 폭발해 버렸지 뭐야?

　나로호는 세 번째에야 날아오르는 데 성공했어. 드디어 우리나라도 인공위성을 만들어 우주에 쏠 수 있게 된 거야! 지금은 새로운 로켓 '누리호'를 발사하는 데 성공했어. 누리호는 다른 나라의 기술 없이 우리나라의 순수 기술로 만들어져 발사에 성공했다는 데 의미가 커. 누리호의 성공 덕분에 우리나라도 우주라는 무대에 발을 내디딘 셈이지.

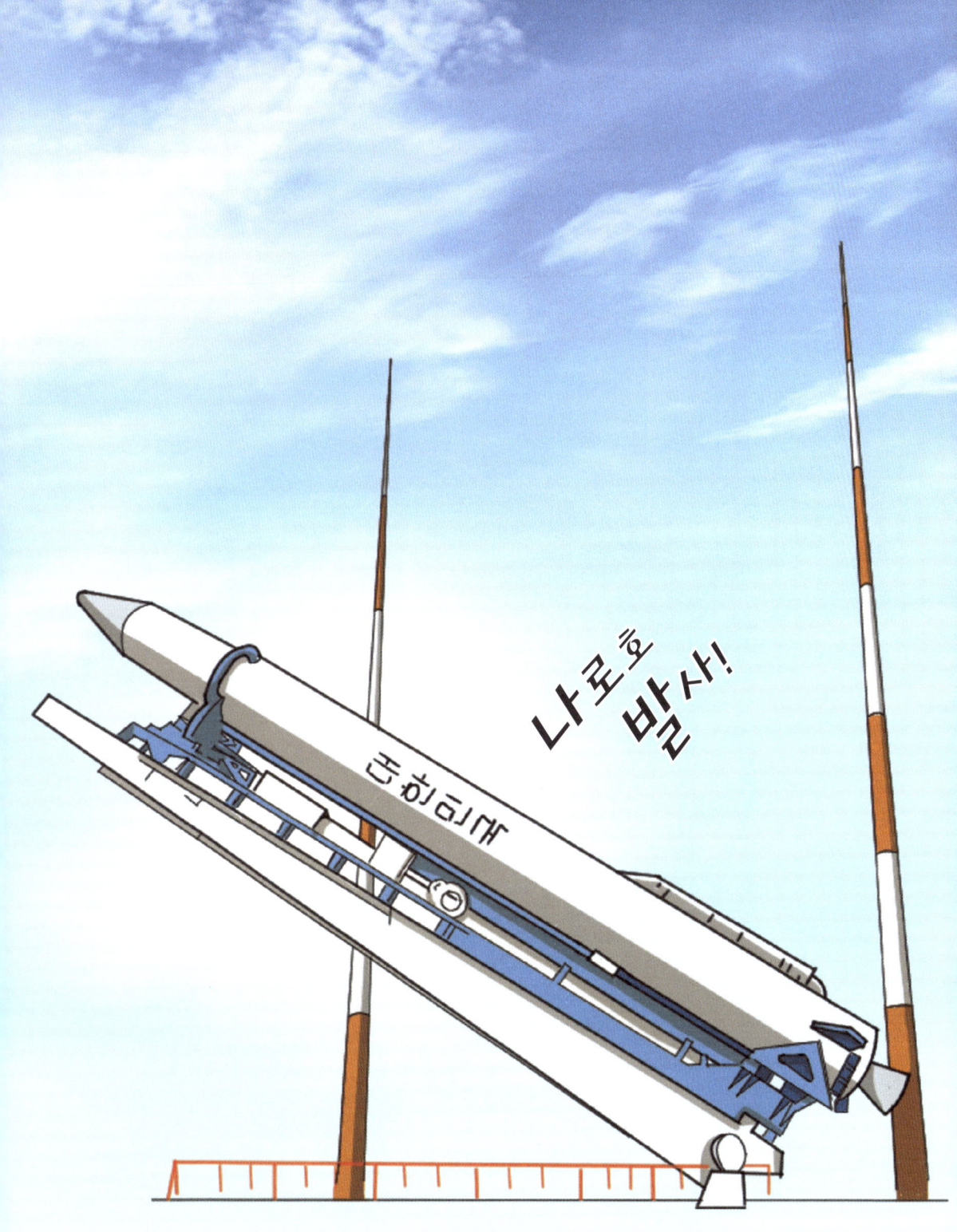

우리 삶과 로켓

북한의 은하 로켓

그런데 북한은 이런 놀라운 일을 이루어 낸 우리나라보다 먼저 로켓을 쏘는 데 성공했어. 탄도 미사일을 쏘면서 발전시킨 기술로 '은하 로켓'을 만들어 냈거든.

북한의 은하 로켓도 처음부터 발사에 성공하지는 않았어. 몇 번이나 실패한 끝에 겨우 발사할 수 있었지. 은하 로켓은 남한의 나로호보다 조금 먼저 발사에 성공했어. 하지만 은하 로켓에 실린 인공위성은 잘 만들지 못했어. 기술이 부족했고 인공위성을 직접 만들 기회도 적었거든. 은하 로켓이 쏘아 올린 인공위성도 금방 고장 나서 쓸 수 없었어.

로켓 기지가 지어지는 곳은?

우리나라 남쪽 끄트머리에는 '외나로도'라는 섬이 있어요. 이 섬에 '나로우주센터'가 있답니다. 우리나라의 첫 우주 로켓인 나로호의 이름은 이곳에서 따왔어요. 그만큼 뜻깊은 곳이죠. 우리나라의 '나로우주센터'뿐만이 아니라 세계 여러 나라에는 다양한 로켓 기지가 있어요. 로켓 기지들은 어디에 지어질까요? 다양하게 만든 로켓의 여러 발사 조건에 맞추어 지어진답니다. 먼저 적도 부근은 로켓 기지가 세워지기에 좋은 곳이라고 손꼽아요. 그 이유는 다음과 같답니다.

지구는 하루에 한 바퀴씩 자전해요. 느끼지 못하지만, 매우 빠른 속도로 돌고 있어요. 빙글빙글 도는 물체는 바깥쪽으로 튕겨 나가는 힘, 원심력을 받아요. 빙빙 도는 놀이 기구를 탈 때처럼 말이죠. 자전하는 지구에 있는 우리도 원심력의 영향을 받지만 지구의 중력이 더 커서 쉽게 느끼지는 못해요.

원심력은 큰 원을 그리면서 돌수록 강해져요. 끈을 잡고 빙빙 돌릴 때, 끈이 짧을 때보다 길 때 원심력이 강해진답니다. 지구도 길게 도는 곳에서 원심력이 강해져요. 지구는 북극과 남극을 중심으로 가로로 자전해요. 북극과 남극 근처에서는 원심력이 아주 작고 북극과 남극의 중간인 곳, 적도에서는 원심력이 크죠. 이

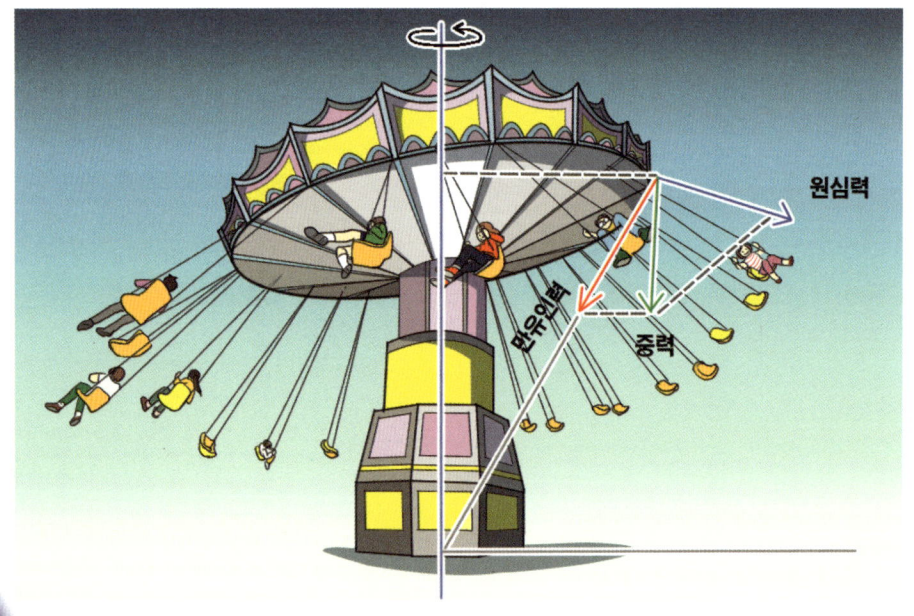

원심력이 중력을 방해해서 적도의 중력은 북극이나 남극보다 $\frac{1}{200}$ 정도 약해요.

   중력이 약하면 연료를 아껴 로켓을 발사하기 쉬워서 적도와 가까운 곳에 기지가 세워지면 좋다고 보고 있어요. 하지만 적도 근처의 다른 나라의 땅에 많은 돈을 들여서 기지를 짓기는 쉽지 않아요. 따라서 대부분의 나라가 자기 나라의 남쪽(적도 쪽을 향해 있어요)에 기지를 짓는답니다. 이 밖에도 개발한 로켓을 쏠 때 자국과 이웃 나라에 위험하지 않도록 발사 조건을 따져서 사막 또는 외진 해안가에 로켓 기지를 짓고 있어요.

   우리나라의 나로우주센터는 로켓과 인공위성 등을 발사하는 곳이에요. 2001년 1월에 발사장을 지을 만한 땅을 고르고 꼼꼼하게 공사하여 약 150만 평에 이르는 우주 센터를 지었답니다.

나로우주센터의 발사 목록

발사 날짜	발사체 이름	위성	결과
2009년 8월 25일	나로호	과학 기술 위성 2A호	궤도 진입에 실패하고 대기권에서 소멸
2010년 6월 10일	나로호	과학 기술 위성 2B호	이륙 후 137초경 폭발해 소멸
2013년 1월 30일	나로호	나로 과학 위성	궤도 진입 성공
2018년 11월 28일	시험 발사체	8t 질량 모사체	성공
2021년 10월 21일	누리호	위성 모사체 1.5t	개발 중
2022년 6월 21일	누리호	1.3t 질량 모사체	발사 성공

02 로켓은 어떻게 삶을 바꿀까?

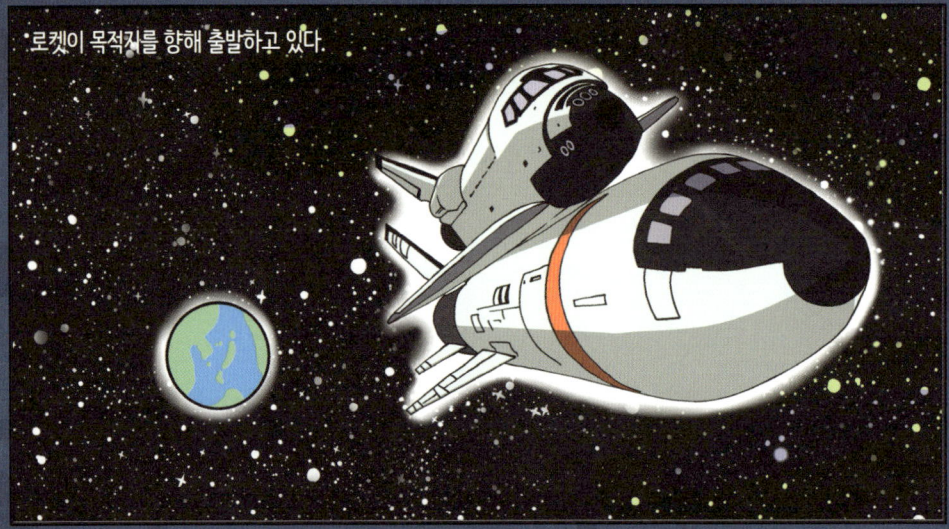

로켓은 인공위성과 일기 예보 등처럼 생활에 도움이 되고 있다. 이 밖에도 우주를 넘나들 때 중요한 운송 수단이 될 것이다.

로켓은 우주 개발과 무기에만 쓰이지 않아. 생각보다 훨씬 많은 곳에서 다양하게 쓰이고 있어. 어디에 어떻게 쓰이고 있는지 살펴볼까?

로켓이 하는 가장 중요한 일은 '인공위성을 쏘는 일'이야. 인공위성은 지구 주변을 빙글빙글 돌며 여러 가지 일을 하고 있어. 대표적인 것이 TV를 볼 수 있도록 해 주는 일이야.

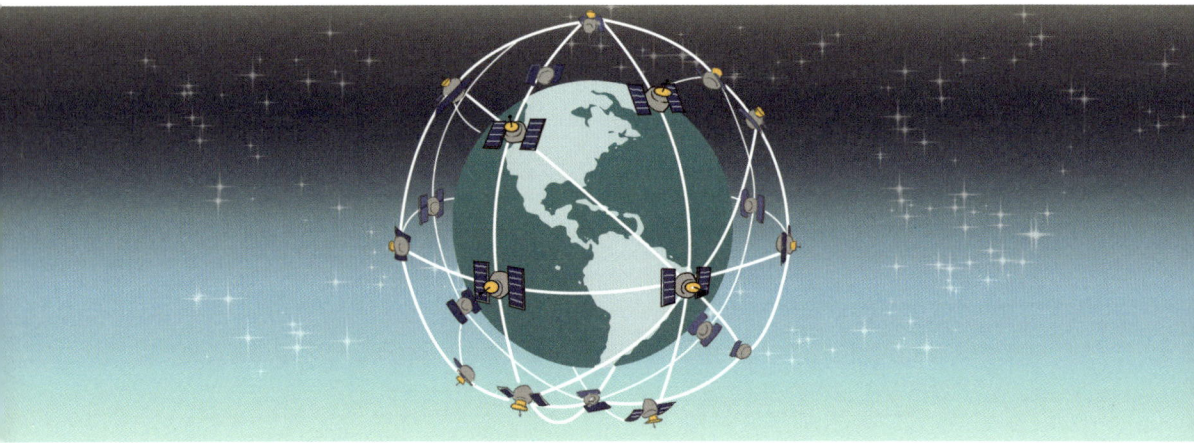

GPS 위성이 곳곳에서 지구 전체를 밝히고 있는 모습

또 지구 반대편으로 전화를 걸 수 있게 해 주기도 해. 인공위성은 지구 전체를 뒤덮는 전파 탑과 같은 역할을 하거든. 덕분에 지구 곳곳에서 오는 전파 신호를 모두 받을 수 있어.

생활을 편리하게 하는 GPS도 인공위성이 있어서 쓸 수 있어. 지구 주변을 항상 돌고 있는 GPS 위성은 내가 있는 위치를 파악해서 정확히 알려 줘. 그걸 바탕으로 지도를 보면 사막이나 바다 한가운데에 있어도 정확히 길을 찾을 수 있지.

관측 로켓은 우주로 날아가지 않는 대신 비행기가 닿지 않는 곳까지 올라가서 높은 곳의 공기를 연구해. 관측 로켓 덕분에 우리는 지구의 공기가 어떻게 움직이는지 알고 지구 온난화와 같은 기후 변화에 대비할 수 있어.

이렇게 로켓이 하는 여러 일 가운데에서 가장 중요한 일은 우주여행이야. 언젠가 우리 모두가 로켓으로 우주를 여행할 날이 올지 모르니 기대해도 좋

관측 로켓 블랙 브랜트의 발사

아. 기술이 더 발전하면 달과 화성, 다른 행성에서 살 수 있을지도 몰라. 공항에서 표를 사서 로켓을 타는 시대가 올지도 모르고 말이야. 지구에서 달이나 화성으로 가거나 화성에서 목성으로 여행할 수도 있을 거야. 이렇게 먼 거리를 여행하려면 로켓이 꼭 필요하겠지? 하지만 가격이 비싸고 연료도 많이 필요해서 시간이 지나도 자동차처럼 타고 다니기는 어려울 거야.

저 넓은 우주에서 살아가려면 로켓은 꼭 필요한 이동 수단이야. 그때까지 로켓을 더 발전시켜야 해. 더 빠르게, 더 안전하게, 더 간편하게 말이야.

미래의 로켓

　미래에는 우주 곳곳을 돌아다니는 로켓도 생길 거예요. 미래의 로켓은 지금과 많이 다른 모습일지도 몰라요.
　이를테면 네모난 모양일 수도 있고 둥그런 모양일 수도 있어요. 이런 모습은 겉보기에 엉성하고 약해 보일 수도 있어요. 하지만 공기의 저항이 없는 우주를 여행한다면 아무 문제도 되지 않는답니다.
　지구에서 출발하는 로켓은 공기의 저항을 줄이기 위해 뾰족하고 매끈하게 만들어졌어요. 우주에는 공기가 없으니 굳이 매끈하게 만들 필요가 없어요. 또 중력이 없으니 무거워서 무너질 걱정도 없어요. 이런 점을 생각하면 우주선을 다양하게 만들 수 있고 안도 넓어질 거예요. 더 많은 사람을 태우고 더 많은 짐을 옮길 수 있겠죠? 공기 저항도 없고 중력도 방해하지 않으니 연료도 조금만 필요할 테고 힘을 조금만 줘도 빠르게 날아갈 수 있어요.
　땅에서 로켓을 타고 우주에 간 사람들은 우주 공항에서 큰 로켓으로 갈아타지도 몰라요. 그 로켓이 다른 행성의 공항에 도착하면 다시 작은 로켓을 타고 땅에 돌아올 수 있어요. 이렇게 여행하면 값싸고 안전하게 우주를 즐길 수 있겠죠? 어때요, 그날이 기다려지지 않나요?